Liebe Leserinnen, liebe Leser!

Den in Berlin ansässigen Fotografen **Johann Scheibner** hat an Mecklenburg-Vorpommern besonders die für Mitteleuropa ausgeprägte Weite der Landschaft, das besondere Licht und die Wolkengebilde im hohen Himmel beeindruckt.

Der Autor **Rasso Knoller** hat einige Jahre in Mecklenburg-Vorpommern gelebt und wohnt heute in Berlin. Nach wie vor schätzt er besonders die vergleichsweise unberührte Natur und die von Meer, Bodden und den vielen Seen geprägte weite Landschaft.

Innerhalb des Tourismus in Deutschland gibt es einen harten Wettbewerb zwischen Bayern und Mecklenburg-Vorpommern um das beliebteste Reiseziel. Laut der F.U.R. Reiseanalyse 2015 liegt vorläufig Mecklenburg-Vorpommern als Urlaubsziel vorn. Das Bundesland hat Jahr für Jahr fast 30 Mio. Übernachtungen zu verbuchen. Wen wundert's? Locken hier doch eine herrliche Küste mit endlos langen hellen Sandstränden, eine stille Seenregion, die zu Rad- und Paddeltouren geradezu einlädt, und Städte, die nicht nur mit Backsteingotik trumpfen.

Wirtschaftsfaktor Tourismus

Nicht nur in der Hochsaison sind die Seebäder und auch die Ferienorte rund um die Müritz gut besucht. Und das ist auch gut so! Denn der Tourismus ist der wichtigste Erwerbszweig für Mecklenburg-Vorpommern. Im Hinterland ist dagegen schwer ein Auskommen zu finden. Daher ziehen viele Jugendliche, vor allem die gut Ausgebildeten, in wirtschaftlich attraktivere Regionen um. Arbeitslosigkeit und die daraus resultierende „Landflucht" gehören zu den drängendsten Problemen in Mecklenburg-Vorpommern – mehr darüber erfahren Sie im DuMont Thema auf S. 34 f.

Unterwegs mit Boot oder Rad

Ein anderes DuMont Thema widmet sich den Ferien auf dem Hausboot (s. S. 52). Unser Autor Rasso Knoller hat selbst einmal Kapitän gespielt und festgestellt: Es gibt kaum eine geruhsamere Art, die Seenlandschaft zu erkunden. Er fand es wunderbar entspannend. Doch es geht auch ganz anders, vielleicht haben Sie ja Lust zu Reitferien auf dem Gestüt Ganschow, zu einer Paddeltour auf der Peene oder wollen gar im Drachenboot über den Schweriner See schweben? Infos dazu geben unsere Aktiv-Tipps. Für mich ist Mecklenburg-Vorpommern die ideale Region zum Rad fahren. Wir haben den Mecklenburgische-Seen-Radweg in seiner vollen Länge absolviert. Er führt von Lüneburg bis Usedom gut 600 km durch eine herrliche Landschaft. Übrigens gibt es mittlerweile ein gut ausgebautes E-Bike-Netz mit „Mobilitätsgarantie" ...
Herzlich

Ihre

Birgit Borowski

Birgit Borowski
Programmleiterin DuMont Bildatlas

80 Auf den Inseln Rügen, Usedom (Bild) und Hiddensee werden viele Wünsche erfüllt, von Abgeschiedenheit bis zu trubeligem Strandleben.

92 Die vielerorts unberührte Natur ist eines der Pfunde, mit denen Mecklenburg-Vorpommern wuchert.

90 Es gibt sie noch, die wackeren Fischer, die auf Rügen und Usedom ihrem Beruf nachgehen.

UNSERE FAVORITEN

BEST OF ...

Zwischen Rostock und Stralsund

Die Inseln

Vorpommerns Osten

Anhang

DuMont Aktiv

Genießen Erleben Erfahren

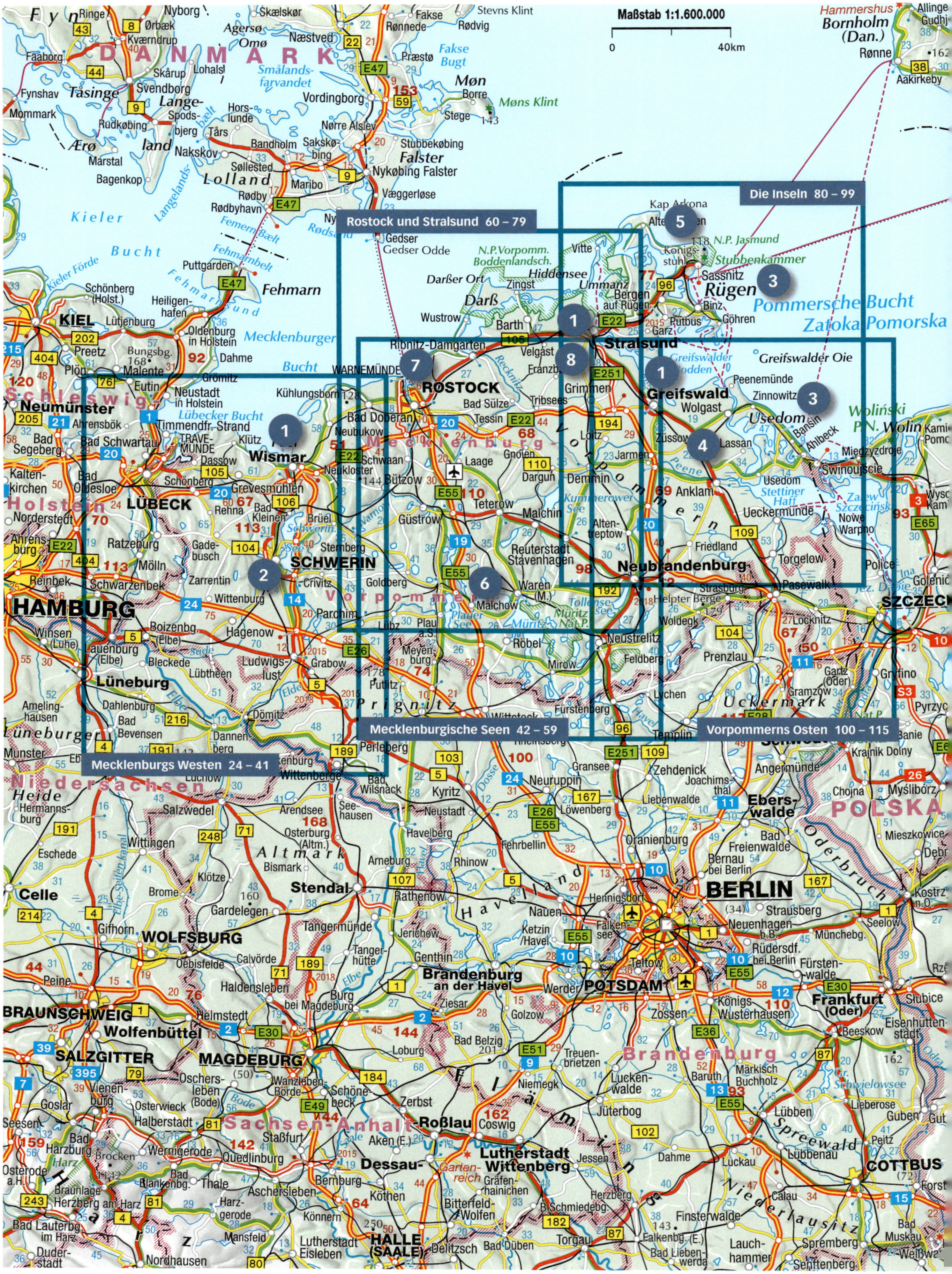
Maßstab 1:1.600.000
0
40km
Die Inseln 80 – 99
Rostock und Stralsund 60 – 79
Mecklenburgische Seen 42 – 59
Vorpommerns Osten 100 – 115
Mecklenburgs Westen 24 – 41
DANMARK
POLSKA
Kieler Bucht
Mecklenburger Bucht
Pommersche Bucht
Zatoka Pomorska
Lübecker Bucht
KIEL
LÜBECK
HAMBURG
SCHWERIN
Wismar
ROSTOCK
Stralsund
Greifswald
Rügen
Usedom
Neubrandenburg
BERLIN
POTSDAM
MAGDEBURG
WOLFSBURG
BRAUNSCHWEIG
SALZGITTER
HALLE (SAALE)
Dessau-Roßlau
Lutherstadt Wittenberg
COTTBUS
SZCZECIN
Frankfurt (Oder)
Brandenburg an der Havel
Stendal
Lüneburg
Celle
Fehmarn
Bornholm (Dan.)
Lolland
Falster
Møn
Mecklenburg-Vorpommern
Brandenburg
Sachsen-Anhalt
Niedersachsen
Schleswig-Holstein

Topziele

Die bedeutendsten Sehenswürdigkeiten und Erlebnisse, die keinesfalls versäumt werden sollten, haben wir auf dieser Seite zusammengestellt. Auf den Infoseiten sind sie jeweils als **TOPZIEL** *gekennzeichnet.*

KULTUR

1 **Tradition in Backstein:** Wismar, Stralsund und Greifswald haben einst das Wirtschaftsleben im Ostseeraum maßgeblich mitbestimmt – was ihre Altstädte bis heute spiegeln. **Seite 40, 79 und 113**

2 **Herrschaftliches Schwerin:** Aus Residenzzeiten stammt das herrlich gelegene Schloss. Als Sitz des Landtags knüpft der Bau an diese Vergangenheit an. **Seite 40**

3 **Stein gewordene Sommerfrische:** An die Bädertradition von Sassnitz und Binz auf Rügen und der „Kaiserbäder“ auf Usedom erinnert die dortige, vielgestaltige Bäderarchitektur. **Seite 97, 98 und 99**

NATUR

5 **Rügens Wahrzeichen:** Die Kreidefelsen an Rügens Nordküste: Lieblingsmotiv vieler Künstler und aller Fotografen. **Seite 97**

AKTIV

4 **Paddeln auf der Peene:** Näher ist Natur kaum zu kommen, als bei einer Tour durch den Naturpark Peenetal. **Seite 114**

ERLEBEN

6 **Unterwegs im Land der Müritz:** Die Seenlandschaft rund um die Müritz ist ein Paradies für alle Naturfreunde zu Lande oder zu Wasser. Komprimiert stellt sich die Region im Müritzeum vor. **Seite 59**

7 **Der Mastenwald in Rostock:** Es gibt wenige Gelegenheiten, so viele verschiedene Großsegler zum Anfassen nah zu erleben wie bei der Hanse Sail. **Seite 77**

8 **Meereswelten in Stralsund:** Eindrucksvoll präsentiert das Ozeaneum das Leben an, über und unter der Wasseroberfläche, wunderbar ergänzt durch das Meeresmuseum. **Seite 79**

Land vergeht, Land entsteht

Am Darßer Ort kann der Natur bei der Arbeit zugesehen werden. Sand, den die Strömung am benachbarten Fischland abträgt, schichtet sie hier zu flachen Sandbänken wieder auf.

Warnemünde dreaming

Der Tourismus ist der wichtigste Erwerbszweig in Mecklenburg-Vorpommern. Wie hier in Warnemünde sind die Strände entlang der Ostseeküste gut besucht. Jahr für Jahr nehmen die Besucherzahlen zu – was der Region guttut, denn alle anderen Wirtschaftsbereiche hinken sehr hinterher.

Beach Master
molten

Strahlende Schönheit am Sund

Im 14. Jahrhundert war Stralsund nach Lübeck die bedeutendste deutsche Hansestadt. Aus dieser Zeit stammt das prachtvolle Rathaus am Alten Markt. Viele Küstenstädte profitierten damals vom wirtschaftlichen Austausch im Ostseeraum, was ihren alten Zentren oftmals noch anzusehen ist.

Frühe Kulturen

Versteckt im Wald oder gut sichtbar auf Anhöhen wie hier bei Rerik: Mecklenburg-Vorpommern ist reich an Zeugnissen der Megalithkultur. Namenlose Geschlechter, die vor rund 5000 Jahren hier lebten, haben Steinkreise und Dolmen hinterlassen – und viele Fragen.

Moderne trifft auf Tradition

1897 erbaute man den Leuchtturm von Warnemünde. 1968 kam der Teepott, ein eigenwilliges Gebäude mit einem muschelförmigen Dach, hinzu. Heute ist er Anlaufpunkt für Restaurantbesucher und Kneipenbummler.

„Dat söte Länneken“

Schon immer suchten Künstler jeden Genres auf Hiddensee, dem „süßen Ländchen“, nach Inspiration. Auch Gerhart Hauptmann hat vom Dornbusch aus schon in die Weite geschaut. Das Hügelland im Norden der Insel besteht überwiegend aus Ablagerungen, die nach dem Abtauen eiszeitlicher Gletscher zurückblieben. Die Eismassen schufen auch die zweitbeliebteste Region des Landes: die Mecklenburgische Seenplatte.

Sommer auf der Dünenheide

Auf der Insel Hiddensee erstreckt sich zwischen den Orten Vitte und Neudorf die Dünenheide. Sie beherbergt eine ungewöhnliche Tier- und Pflanzenwelt. Noch immer halten Schafherden die Heide offen, die sonst verbuschen würde. Auch auf den Deichen entlang der Boddenküste wirken sie als willkommene „Landschaftpfleger".

Die besten Schlosshotels

Fürstlich wohnen

Nirgends in Deutschland stehen so viele Schlösser und Burgen wie in Mecklenburg-Vorpommern. Von den mehr als 2000 Herrschaftssitzen sind allerdings viele vom Verfall bedroht. So manches Schloss aber wurde renoviert und herausgeputzt und dient heute als Hotel. Jedes ist einzigartig und besitzt seinen ganz eigenen Charme.

1 Park Hotel Schloss Rattey

Wein aus Mecklenburg-Vorpommern trinken und durch einen alten Schlosspark spazieren: Alte Eichen und die nördlichsten Weingärten Deutschlands rahmen das klassizistische Herrenhaus aus dem Jahre 1806 ein. Den Wein kann man im ehemaligen Wohnsitz der Adelsfamilie von Oertzen dann gleich auf der Schlossterrasse verkosten.

Rattey 21
17349 Schönbeck/Rattey
Tel. 0 39 68 2 55 01
www.schlossrattey.de

2 Schlosshotel Groß Plasten

Das Seeufer vor der Tür und Kräuter aus dem eigenen Garten. Am Ufer des Klein Plastener Sees kann man im Schlosshotel Groß Plasten abseits von Großstadthektik entspannen. Besonders stolz ist man auf den eigenen Kräutergarten, dessen Ernte sich natürlich auch auf der Speisekarte des Hotelrestaurants wiederfindet. Kaminbar, Spa und Saunalandschaft sorgen für zusätzliches Wohlgefühl.

Parkallee 36
17192 Groß Plasten
Tel. 03 99 34 80 20
www.schlosshotel-grossplasten.de

3 Schloss Ulrichshusen

Beliebt für Hochzeiten und ruhige Tage. Entweder übernachtet man dort, wo früher der Schlossherr lebte oder dort, wo seine Pferde standen – keine Angst, die Zimmer im ehemaligen Pferdestall sind ebenso komfortabel wie die im Schloss. Das 1562 errichtete Gebäude brannte 1987 ab, wurde 1993 wiederaufgebaut, und das Hotel eröffnete 2001.

In Ulrichshusen wohnt man als Wasserratte zentral inmitten der Mecklenburgischen Seenplatte. Und: Im Schloss treten anlässlich der Festspiele Mecklenburg-Vorpommern international bekannte Künstler auf.

Seestr. 14
17194 Ulrichshusen
Tel. 03 99 53 79 00
www.ulrichshusen.de

4 Schlosshotel Klink

Türme, Erker und ein Sandstrand an der Müritz. Schloss Kink liegt direkt am See und bietet mit einer 35 000 m² großen Parkanlage genügend Platz für ausgedehnte Spaziergänge. Bootsinhaber können im angrenzenden Yachthafen fast direkt vor der Rezeption anlegen. Romantiker geraten ins Schwärmen, wenn sie die vielen Türmchen sehen, die aussehen, als würde aus jedem eine Prinzessin ihr langes Haar herablassen.

Schlossstr. 6
17192 Klink
Tel. 039 91 74 70
www.schlosshotel-klink.de

5 Schloss Basthorst

„Lage, Lage, Lage" – so preisen Immobilienmakler ihre Spitzenobjekte an. Schloss Basthorst, umgeben von einem englischen Park inmitten eines Waldes und in Nachbarschaft des Glembecksees mit hoteleigener Badestelle, hat wahrlich „viel Lage" zu bieten. Spa und Pool sorgen für weitere Annehmlichkeiten. Lediglich der moderne Anbau, der etwas beschönigend als Waldresidenz bezeichnet wird, trübt das ansonsten perfekte Bild.

Schlossstr. 18
19089 Crivitz/Basthorst
Tel. 0 38 63 52 50
www.schloss-basthorst.de

6 Schlosshotel Fleesensee

Golf und nochmals Golf. Das 1842 im Barockstil erbaute Schloss Blücher beherbergt heute das Schlosshotel Fleesensee – und damit das wohl bekannteste Schlosshotel Norddeutschlands. Inmitten der Mecklenburgischen Seenplatte gelegen ist das Haus der ideale Ausgangspunkt für Ausflüge auf dem Wasser und an Land. Das weitläufige Hotelgelände wird von mehreren Golfplätzen eingerahmt. Drei Restaurants sorgen für das leibliche Wohl. Schon wegen des Ambientes besuchenswert: Das Restaurant Frederic in der ehemaligen Schlosskapelle.

Schlossstr. 1
17213 Göhren-Lebbin
Tel. 03 99 32 80 10
schlosshotel-fleesensee.com

7 Schlosshotel Burg Schlitz

Hier sagen nicht nur Verliebte „Ja". Burg Schlitz im Landkreis Rostock ist bei Brautleuten beliebt, die sich im Schinkelsaal zwischen kunstvollen Wandmalereien das Jawort geben, aber auch andere Gäste fühlen sich in dem luxuriösen Tophotel wohl. 1806 als Familienresidenz der Grafen von Schlitz im klassizistischen Stil erbaut, ist Schlitz heute ein Schlosshotel, in dem man sich individuell um die Gäste kümmert. Der 180 ha große Landschaftspark mit Nymphenbrunnen und Obelisken steht allen Besuchern offen. Schon Goethe lustwandelte hier.

17166 Hohen Demzin
Tel. 03 9 96 12 70-0
www.burg-schlitz.de

Im früheren Grenzland

Die „Staatsgrenze“ der DDR zur Bundesrepublik Deutschland hat Jahrzehnte den Westen Mecklenburgs geprägt. Ein fünf Kilometer breiter Streifen entlang der Grenze war völlig gesperrt, die Zufahrt in die grenznahen Gemeinden nur mit besonderen Passierscheinen möglich. Aller Möglichkeiten beraubt, hinkten die Dörfer und Städte im Westen Mecklenburgs in ihrer Entwicklung sogar innerhalb der DDR hinterher. Allein die Natur hat vom Kalten Krieg profitiert.

Blickfang auf cem Marktplatz von Wismar ist die 1580–1602 erbaute Wasserkunst.

Eine Freitreppe führt vom Schweriner Schloss hinab in die Gartenanlage auf der Schlossinsel.

Ein Teil des Schweriner Schlosses beherbergt auch heute noch Mecklenburgs Herrscher, nunmehr den Landtag. Doch ist auch Großherzogliches zugänglich, als Schlossmuseum.

Die Loireschlösser Frankreichs dienten im 19. Jahrhundert als Vorbild für die Neugestaltung des Schweriner Schlosses in Renaissanceformen.

Über den Burgsee geht der Blick auf die Staatskanzlei des Landes Mecklenburg-Vorpommern und die vom Dom überragte Altstadt Schwerins.

Stolz verweist Schwerin auf den Welfenherzog Heinrich den Löwen, der als mittelalterlicher Gründer der deutschen Stadt gilt.

Das einstige Grenzgebiet ist ein Naturparadies. Seltene Pflanzen- und Tierarten fanden hier einen Rückzugsraum. Der Schaalsee beispielsweise, durch den die Grenze verlief, hat sich zu einem Vogelparadies entwickelt. Heute brüten hier Graugänse, Störche, Kraniche, Schilfrohrsänger und eine ganze Reihe bedrohter Vogelarten. Auch Fischotter haben am Schaalsee eine neue Heimat gefunden. Noch vor der Wiedervereinigung hatte die letzte – und einzig demokratisch gewählte – DDR-Regierung das Gebiet rund um den See zum Biosphärenreservat ernannt und damit unter besonderen Schutz gestellt.

Aller landschaftlichen Schönheiten zum Trotz kommen nur wenige Besucher in die Städte und Dörfer abseits der Küste. Selbst an Gadebusch, als Ausgangspunkt für Touren auf dem Schaalsee eigentlich perfekt, fließen die großen Touristenströme vorbei.

Die kleinste Landeshauptstadt

Wasser und Gärten sind auch das Markenzeichen der Landeshauptstadt Schwerin. Zwölf Seen umfasst das Stadtgebiet. 2009, als hier die Bundesgartenschau stattfand, ist die ohnehin grüne Stadt noch einmal grüner geworden. An die zwei Millionen Besucher kamen, um die herausgeputzten Parks der Stadt anzusehen. Doch es gab auch Kritik. Um alte Sichtachsen im Schlosspark wieder zu öffnen, fällte man Baumveteranen, die schon 200 Jahre alt waren.

Nur 91000 Menschen leben in der damit kleinsten aller deutschen Landeshauptstädte. Dabei war Schwerin schon einmal größer. Unmittelbar nach der Wende wies die Statistik noch 133000 Einwohner aus. Die Wirtschaftskrise, die nach der Wiedervereinigung den ganzen Osten heimsuchte, traf die Stadt besonders hart. Die grenznahe Lage wurde abermals zum Nachteil. Viele Arbeitsuchende zogen zu den Arbeitsplätzen des jetzt zugänglichen Westens. Zudem kehrten viele den unattraktiven Plattenbauvierteln den Rücken und ließen sich in den Dörfern jenseits der Stadtgrenze nieder. Die schwierige Situation Schwerins war eines der vielen Pro-Argumente, als es 1992 darum ging, ob Rostock oder Schwerin Landeshauptstadt werden sollte. Der Status einer Landeshauptstadt sollte beim Aufschwung helfen. Zweites Argument „pro" Schwerin war die Historie: 1160 gegründet, war die Stadt lange Sitz der mecklenburgischen Herzöge. Schließlich hatten diese mit wenigen Unterbrechungen hier von 1358 bis 1918 residiert. Und auch in der Weimarer Republik blieb Schwerin Landeshauptstadt.

Hinter Wismars gemütlichem Alten Hafen ragt die dank vieler Spenden wiedererbaute Kirche St. Georgen auf.

Den weitläufigen Wismarer Marktplatz umgibt eine bunte Fassadenreihe aus den unterschiedlichsten Architekturstilen.
Mittendrin das Wahrzeichen der Stadt: die Wasserkunst im Stil der niederländischen Renaissance mit ihrem grünen Kupferdach.

An Hansezeiten möchte der stimmungsvoll wiederhergestellte Straßenzug Lohberg am Alten Hafen erinnern.

Feinste Backsteingotik zeigt Wismars Nikolaikirche.

Special

schwedenfest in Wismar

Jahrhundertelang Zankapfel

Jedes Jahr im August findet in Wismar das Schwedenfest statt – ein historisches Spektakel, das an die Zugehörigkeit Wismars zu Schweden erinnert.

Einmal im Jahr: Schweden auf dem Markt

Im Dreißigjährigen Krieg wurde Wismar 1632 von den schwedischen Truppen erobert und dann im Westfälischen Frieden von 1648 dem nordischen Königreich zugeschlagen. Doch bald schon wurde die Stadt erneut angegriffen und besetzt. Diesmal von den Dänen. Deren Herrschaft währte nur fünf Jahre, dann kamen die Schweden zurück. Für die Menschen spielte es keine Rolle, von wem sie beherrscht wurden, für sie bleib das Leiden immer dasselbe.

Die Schweden bauten Wismar zur größten Festung Europas aus, während des Nordischen Krieges erneut von den Dänen belagert. Man verteidigte sich zwar tapfer, doch fünf Jahre später, im April 1716, musste sich Wismar ergeben. Das Hin und Her ging weiter: Die Schweden kehrten zurück, 1757 gefolgt von einem preußischen Zwischenspiel. Das kriegsgeplagte Wismar verarmte immer mehr und konnte kaum noch Steuern an das schwedische Königshaus abführen. Deshalb verpfändete Schweden die Stadt für 100 Jahre an die Herzöge von Mecklenburg. Als der Pachtvertrag 1903 auslief, löste Schweden den fälligen Pfandvertrag nicht ein, und Wismar kam zum Deutschen Reich.

Vielleicht war es aber auch Bertha Klingberg, die Schwerin den Hauptstadttitel sicherte. 1990 sammelte die damals 91-Jährige 17 000 Unterschriften für „ihr" Schwerin. Ein Platz am Südufer des Burgsees wurde nach ihr benannt und dort eine lebensgroße Statue aufgestellt, die sie in Tracht beim Blumenverkauf zeigt. Was die 2005 im Alter von 107 Jahren verstorbene Blumenfrau sicher am meisten gefreut hätte: Anlässlich der Bundesgartenschau in Schwerin bekam eine neue Fuchsiensorte ihren Namen.

Mit seinem Schloss, dem Dom und der gemütlichen Altstadt zählt Schwerin zu den schönsten Städten Mecklenburg-Vorpommerns. Mehr noch, das ehemalige Residenzschloss, in dem heute der Landtag tagt, gehört zu den bedeutendsten Baudenkmälern im Stil des Historismus in Deutschland. Wäre es nach der DDR-Führung gegangen, bestünde der Stadtkern Schwerins heute aus Plattenbauten. In den 1960er-Jahren sollte die gesamte Innenstadt abgerissen und durch „moderne" Architektur ersetzt werden. Glücklicherweise fehlte das Geld für die Umsetzung der Pläne.

Wismar: Stadt mit Welterbe-Prädikat

Seit 2002 gehört Wismar zu einem erlesenen Kreis – die Stadt steht auf der Welterbeliste der Unesco. Neben den gut

Am Timmendorfer Hafen ragt seit 140 Jahren der Leuchtturm der Insel Poel auf (oben links). Boltenhagens Seebrücke bietet einen weiten Strandblick, die Seepromenade des Badeortes gibt sich bürgerlich (oben rechts und unten rechts). Eis schmeckt überall an der Küste – besonders gut aber an Kühlungsborns Strandpromenade (unten links).

erhaltenen Gebäuden aus der Hansezeit war der seit dem Mittelalter kaum veränderte Grundriss der Altstadt Hauptargument für die Verleihung des Titels. Der große Marktplatz im Zentrum, um den herum in bunter Pracht renovierte Bürgerhäuser stehen, ist eine der Hauptsehenswürdigkeiten. Und er ist ein guter Ausgangspunkt für einen Rundgang. An der Ostseite des Markts steht der „Alte Schwede", das 1380 erbaute älteste Gebäude der Stadt – und seit Mitte des 19. Jahrhunderts praktischerweise Gaststätte. Ob mehr Besucher im „Alten Schweden" einkehren oder doch die Nikolaikirche besuchen, darüber kann man nur spekulieren. Fest steht, dass die Kirche zum Schönsten gehört, was die Backsteingotik zu bieten hat.

Badekarren sind lange schon Vergangenheit. Heute bestimmen Strandkörbe das Bild an der Ostsee.

Die Schweden kommen

1508 wurde der Bau der Nikolaikirche beendet – 124 Jahre später eroberten die Schweden die Stadt. Obwohl die Schwedenzeit wahrlich nicht zu den besten Jahren in der Wismarer Geschichte zählt, feiert man sie jeden Sommer mit einem großen Fest. Auf dem Marktplatz lagern dann wieder die Schweden und exerzieren im Marschschritt vor den Wismarern. Diesmal aber in friedlicher Absicht – in den historischen Uniformen stecken die Mitglieder des Wismarer Schützenvereines und militärhistorischer Gruppen aus Schweden.

Wenig zu feiern hat Wismar dagegen, was die wirtschaftliche Entwicklung nach der Wende angeht. Kaum eine Stadt an der Küste blickt auf eine so schwierige Zeit zurück. Betriebe schlossen, die Werft, Hauptarbeitgeber der Stadt, operiert nur noch mit einem Bruchteil der früheren Belegschaft. Seit

Hinter dem monumentalen Chorgemälde „Verkündigung der Hirten“ verbirgt sich die Orgel der Ludwigsluster Stadtkirche. Das gotische Triumphkreuz in der Nikolaikirche von Grevesmühlen stammt aus Wismar. Ein Jahrhundert älter ist die Alte Burg von Neustadt-Glewe.

Die Mecklenburger Handwerksstätten auf Hof Gutow im Klützer Winkel nähen und verleihen historische Kostüme auch für das Wismarer Schwedenfest.

Die Verlegung der Residenz nach Ludwigslust und der Bau des Schlosses war auch eine Arbeitsbeschaffungsmaßnahme der „griesen Gegend" rundum. Äußerlicher Pracht steht Sparsamkeit im Inneren gegenüber; die goldglänzende Ausstattung ist aus Pappmaché.

der Wende verließen 16 000 Wismarer ihre Heimat. Mit nur noch 42 000 Gemeldeten ist die heutige Einwohnerzahl geringer als nach Ende des Zweiten Weltkriegs.

Wohlklang allerorten

Im Sommer musiziert das ganze Land. Bei den „Festspielen Mecklenburg-Vorpommern" treten international bekannte Künstler und regionaler Nachwuchs auf. Meist dienen historische Gebäude als stimmungsvolle Kulissen. Im Schlosspark von Ludwigslust feiert man dann ein ganzes Wochenende lang das „Kleine Fest im großen Park". Vor der großartigen Fassade der herzoglichen Residenz nehmen Jongleure, Feuerschlucker, Sänger in historischen Kostümen und Kleinkünstler die Besucher mit auf eine Traumreise, die erst spät am Abend mit einem eindrucksvollen Höhenfeuerwerk zu Ende geht.

Sandstrand und Strandkorb

Der Sommer ist auch die Hochzeit der Badeorte an der Ostseeküste. In Boltenhagen ließ Graf Bothmer schon zu Beginn des 19. Jahrhunderts einen Badekarren ins Wasser ziehen, um ungestört von den Blicken der Fischer ins Meer zu steigen. Damit gründete er das hiesige Badewesen, denn bald folgten weitere Adelige und auch wohlhabende Bürger seinem Vorbild. Boltenhagen wurde nach Heiligendamm zum zweiten Seebad an der Ostsee.

Badeurlaub ohne Strandkorb – kaum vorstellbar. Doch das Strandsitzmöbel wurde erst 1892 erfunden, in Kühlungsborn vom Korbmacher Wilhelm Bartelmann. Er begründete damit eine mittlerweile fest verankerte Tradition. Angefangen hat alles damit, dass eine an Rheuma leidende Kundin eine Sitzgelegenheit bestellte, die sie am Strand zugleich vor Sonne und Wind schützte. Diese erregte so viel Aufmerksamkeit, dass sich schnell die Aufträge türmten. Der Strandkorb, wie wir ihn heute kennen, war entstanden.

BEVÖLKERUNGSENTWICKLUNG

Land ohne Volk

Mecklenburg-Vorpommern verliert Jahr für Jahr Einwohner. Die jungen, gut ausgebildeten Menschen wandern ab, die Alten und auch Arbeitslose bleiben zurück.

Statt blühender Landschaften wartete auf viele ehemalige DDR-Bürger nach der Wiedervereinigung erst einmal Arbeitslosigkeit und die Abhängigkeit von staatlichen Hilfsleistungen. Auch mehr als 25 Jahre nach der Wende haben die neuen Bundesländer nicht das Niveau des Westens erreicht. Besonders schwer hat es das ohnehin strukturschwache Mecklenburg-Vorpommern. Landwirtschaft und Schiffbau, die beiden Haupterwerbszweige zu DDR-Zeiten, sind extrem von Kürzungen und Entlassungen betroffen.

Deshalb hat Mecklenburg-Vorpommern seit der Wende deutlich mehr als zehn Prozent seiner Bevölkerung verloren, und Wissenschaftler sehen kein Ende dieses Trends – in den nächsten 20 Jahren werden weitere 15 Prozent ihre Heimat verlassen. Während 1989 über 1,8 Millionen Menschen in Mecklenburg-Vorpommern lebten, sind es heute noch 1,6 Millionen. Der Altersschnitt ist im gleichen Zeitraum nach oben geschnellt. In dem einst „jüngsten" Bundesland – kurz nach der Wende lag der Durchschnitt bei etwa 36 Jahren – wurde mittlerweile der Bundesschnitt von rund 44 Jahren überschritten.

Zum Problem wird die Abwanderung dadurch, dass die qualifizierten, gut ausgebildeten und ehrgeizigen Menschen wegziehen. Wer es andernorts zu etwas bringen kann, verlässt das Land. Und das sind vor allem Frauen. Auffällig ist, dass dort, wo die jungen Frauen weggehen, Rechtsradikale viel Zuwachs haben. Im ehemaligen Uecker-Randow-Kreis und in der Region um Ludwigslust, wo in der Altersgruppe zwischen 18 und 35 Jahren auf 100 Männer nur noch 74 bzw. 76 Frauen kommen, ist der Stimmenanteil der NPD bei Wahlen besonders hoch.

Tourismus ist einer der wichtigsten Wirtschaftsfaktoren (Bild: Nationalparkzentrum Königsstuhl).

Hoffnungsfaktor Tourismus

Neue Arbeitsplätze gibt es im Tourismus. Aber der entwickelt nicht die nötige Zugkraft für den Arbeitsmarkt. Zum einen handelt es sich meist um Saisonarbeit, und zum anderen liegen die Gehälter deutlich unter denen, die in den westlichen Bundesländern gezahlt werden. Gutes heimisches Personal ist deswegen nur schwer zu finden – Saisonkräfte aus Polen oder der Tschechischen Republik schließen die Lücken.

Die Politik versucht gegenzusteuern. Unter dem Dach des Ministeriums für Wirtschaft, Bau und Tourismus wurde bereits kurz nach der Wende die „Rückholagentur" MV4you gegründet. Sie soll Abgewanderte zurück in ihre alte Heimat locken und zudem qualifizierte Arbeitskräfte aus anderen Bundesländern anwerben. 700 Vermittlungen hat die Agentur binnen zehn Jahren zustande gebracht – weniger als sechs Arbeitnehmer pro Monat. Wo die Arbeitsplätze fehlen, kann auch die beste Werbeagentur nur beschränkt helfen.

Inzwischen ist das Land in einen gefährlichen Abwärtsstrudel geraten. In vielen Dörfern schließen die letzten Lebensmittelläden und Gaststätten, Arztpraxen und Schulen. Bus- und Zuglinien werden gestrichen, Fahrpläne ausgedünnt. Mecklenburg-Vorpommerns Attraktion ist die landschaftliche Schönheit. Für Touristen, die hier ihren Urlaub verbringen wollen, reicht das. Für Menschen, die hier dauerhaft leben wollen oder müssen, ist es aber nicht genug.

Zwei Welten: hier perfekt sanierte Viertel und Straßen wie die Bohrstraße in Wismar (großes Bild S. 34), dort stiller Protest gegen den Rückgang der Fischerei (oben) und vergessene Ecken in Greifswald (unten).

Die besten Plätze für die Tierbeobachtung

Schönheiten der wilden Art

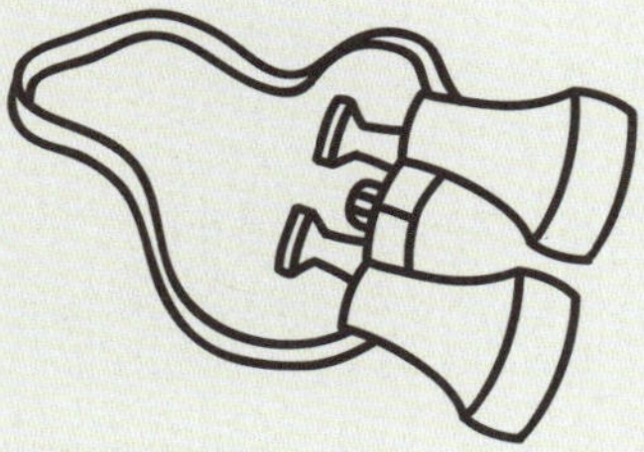

Kaum eine Gegend in Deutschland ist so dünn besiedelt wie Mecklenburg-Vorpommern. Kein Wunder, dass sich hier wilde Tiere – vor allem Vögel – besonders wohlfühlen. Unser Ranking verrät Ihnen, wo die besten Orte zur Tierbeobachtung liegen.

4

4

1 Fischadler im Müritz-Nationalpark

Live bei der Brutpflege kann man einem Fischadlerpaar im Nationalparkzentrum Federow im Müritz-Nationalpark zusehen. Eine Kamera überträgt die Bilder. Der Ort des Nestes wird dagegen streng geheim gehalten. Zum einen sollen die Tiere nicht durch Touristen gestört werden, zum anderen sollen die Greifvogeleier vor Nesträubern geschützt werden.

In Deutschland leben etwa 360 Fischadlerbrutpaare, im Landkreis Müritz allein 52. Wer dichter heran will an die großen Vögel, kann an von Rangern geführten „Adler-Safaris" teilnehmen.

Nationalparkzentrum
Federow bei Waren
Tel. 0 39 91 66 88 49
www.nationalpark-service.de, April–Sept. tgl. 9.00 bis 18.00 Uhr

2 Vogelparadies am Schaalsee

Für die Menschen war sie eine Katastrophe, für die Tiere schaffte sie Freiräume – die innerdeutsche Grenze, die mit Stacheldraht und Minenfeldern das Land auseinanderriss. Sie verlief auch durch den Schaalsee bei Gadebusch, und so blieben dort die Vögel weitgehend ungestört. Heute ist der See ein Unesco-Biosphärenreservat und ein Paradies für Ornithologen. Informationen erhält man im Pahlhuus.

Pahlhuus
Wittenburger Chaussee 13
19246 Zarrentin am Schaalsee
www.biosphaere-schaalsee.de, www.schaalsee.de
April–Nov. tgl. 9.00–17.00, sonst nur Sa. und So. 9.00 bis 17.00 Uhr

3 Kranich, Gans und Wiedehopf

Im äußersten Osten Deutschlands liegt der Naturpark am Stettiner Haff. In den flachen Gewässern rasten im Herbst und Frühjahr vor dem Weiterflug in die Sommer- bzw. Winterquartiere Tausende Gänse und Kraniche. Besonders gut kann man die Vögel am Galenbecker See beobachten. Vogelfreunde halten in der Gegend auch nach dem selten gewordenen Wiedehopf Ausschau. Er hat sich hier die Truppenübungsplätze als Lebensraum zurück erobert.

Besucherinformationszentrum/Naturparkstation
Am Bahnhof 4–5
17367 Eggesin
http://naturpark-am-stettiner-haff.mvonline.de

4 Tanz der Kraniche

Im Frühjahr und im Herbst wird der Darß zu ihrer Bühne: Dann rasten hier Zehntausende Kraniche auf ihrem Weg zu ihren Sommer- bzw. Winterquartieren. Ein kleiner Teil der Kraniche zieht nicht nur durch, sondern brütet in Mecklenburg-Vorpommern – und beschert Naturfreunden ein unvergessliches Erlebnis: die Kranichbalz im März. Dann führen die herrlichen Vögel ihren berühmten Tanz auf. Manchmal beteiligen sich nicht nur zwei, sondern mehrere Tiere an diesem Tanz und scheinen ein regelrechtes Kranichballett aufzuführen. Um die Tiere nicht zu stören, bietet das Kranichinformationszentrum in Groß Mohrdorf spezielle Beobachtungseinrichtungen (auch Fotohütten) für die Balz wie auch für die Zugzeiten an.

Kranichinformationszentrum Groß Mohrdorf
Lindenstr. 27
März–Mai tgl. 10.00–16.00, Juni, Juli: Mo.–Fr. 10.00 bis 16.00, Aug. tgl. 10.00–16.30, Sept., Okt. tgl. 9.30–17.30, Nov. Mo.–Fr. 10.00–16.00 Uhr, www.kraniche.de
weitere gute Beobachtungsplätze s. S. 79

5 Gänse auf Ummanz

Im Frühjahr und Herbst ist der Himmel über Ummanz voll von Gänsen, Enten und Kranichen. Aus der Beobachtungshütte an den Uferwiesen der Udarser Wiek kann man die Vögel beobachten ohne sie zu stören. Udars liegt auf Rügen südlich der L 302 zwischen Granskevitz und Schaprode (Fähranleger nach Hiddensee).

Der Fußweg zum ca. 3 km südwestlich des Dorfs liegenden Beobachtungsturm ist ab Udars ausgeschildert.

6 Hirschbrunft

September und (Anfang) Oktober sind die perfekten Monate, um rund um den Darßer Ort Hirsche bei der Brunft zu beobachten. Das Röhren der großen Platzhirsche beschallt dann sogar den Strand. Geführte Wanderungen gehen zum Aussichtsturm an der Buchhorster Maase mitten im Darßer Urwald.

Kartenverkauf in der Darßer Arche in Wieck
Tel. 03 82 33 2 01
www.bodden-nationalpark.de/nationalpark/hirsch-konzerte

7 Austernfischer auf Hiddensee

Auf dem Alten Bessin, einem Sandhaken im Nordosten der Insel Hiddensee, halten Ornithologen Ausschau nach Zwergseeschwalbe, Säbelschnäbler, Flussseeschwalbe und Austernfischer (Bild). Im Winter gehen hier auch Seeadler auf die Jagd. Beobachten kann man die Vögel von einem hölzernen Turm an der Südspitze.

Auf dem Alten Bessin ist Fahrradfahren verboten. Eine Stunde Wanderzeit vom Ende des Fahrradweges bis zur Südspitze des Sandhakens einkalkulieren!

Maßstab 1:500.000
0
10km
Lübecker Bucht
Klützer Winkel
Boltenhagen
Poel
Insel Poel
Kirchdorf
Timmendorf
Wismarbucht
Kühlungsborn
Bad Doberan
Rerik
Malente
Eutin
Plön
Grömitz
Neustadt in Holstein
Scharbeutz
Timmendorfer Strand
Travemünde
Ratekau
Bad Schwartau
Stockelsdorf
LÜBECK
Grevesmühlen
Wismar
Klütz
Schloss Bothmer
Neukloster
Warin
Dorf Mecklenburg
Ratzeburg
Mölln
Gadebusch
Schwerin
Mecklenburgisches Freilichtmuseum
Crivitz
Sternberg
Brüel
Schwarzenbek
Lauenburg (Elbe)
Boizenburg
Wittenburg
Zarrentin
Hagenow
Ludwigslust
Neustadt-Glewe
Parchim
Grabow
Lüneburg
Bleckede
Neu Darchau
Hitzacker
Dömitz
Dannenberg
Lüchow
Wendland
Uelzen
Bad Bevensen
Perleberg
Wittenberge
Elbhöhen-Wendland
Naturpark Mecklenburgisches Elbetal
Biosphärenreservat Niedersächsische Elbtalaue
Griese Gegend
Schaalsee
Lauenburgische Seen
Schweriner See
1
2
3
4
5
6
7

Besuch im Grenzland

Der Westen Mecklenburgs war bis zur Wende Grenzland. Insbesondere das Gebiet in Grenznähe blieb über Jahrzehnte erstaunlich unberührt. Dann entdeckte der Tourismus die Küsten – die landschaftlichen und kulturellen Schätze im Landesinneren dagegen warten zum großen Teil immer noch auf ihre Entdeckung.

1 Boltenhagen

Nach Heiligendamm ist Boltenhagen (2400 Einw.) das zweitälteste Seebad Mecklenburgs. Schon 1803 kamen die Grafen von Bothmer, um hier die Sommermonate zu verleben. Bald folgten weitere Adelige – Boltenhagen entwickelte sich zum Sommersitz der mecklenburgischen Society.

SEHENSWERT

Hauptanziehungspunkt des Ortes ist der 5 km lange feine **Sandstrand** mit seiner 290 m ins Meer reichenden Seebrücke. Die Steilküste zeigt die nach Rügen größten **Kreidefelsen** der deutschen Ostseeküste.

HOTEL

Das € € € **Schlossgut Gross Schwansee** westl. von Boltenhagen ist nur durch eine Allee von der Lübecker Bucht getrennt – Luxus, den man sich in der günstigen Nebensaison leisten kann (Am Park 1, 23942 Groß Schwansee, Tel. 03 88 27 88 48 0, www.schwansee.de).

UMGEBUNG

Klütz ist ein beliebtes Ausflugsziel mit dem barocken **Schloss Bothmer** (1726–1732). Nach aufwendiger Sanierung eröffnete die größte barocke Schlossanlage 2015 als Museum. Schwerpunkt der Ausstellung liegt auf dem Leben von Reichsgraf Hans Caspar von Bothmer (April–Okt. Di.–So., Fei. 10.00–17.00, Juli, Aug. tgl. bis 18.00 Uhr, im Winter im Rahmen von Führungen, Termine unter www.schlossbothmer-mv.de; Parkanlage April–Sept. tgl. 10.00–20.00, März und Okt. tgl. 10.00 bis 18.00, sonst tgl. 10.00–16.00 Uhr) und dem Schmetterlingspark (www.schmetterlingsgarten.de; April–Okt. tgl. 9.30–17.30 Uhr).

INFORMATION

Kurverwaltung und Tourist-Information, Ostseeallee 4
23946 Ostseebad Boltenhagen
Tel. 03 88 25 36 00, www.boltenhagen.de

2 Insel Poel

Die 37 km² große Insel ist idealer Urlaubsort für alle, die die Ostsee abseits des Trubels erleben wollen. Hauptattraktion sind die langen Strände von Gollwitz, Timmendorf, Hinter Wangern und am Schwarzen Busch. Die flache Insel mit ihrer höchsten Erhebung von 26 m ist ein perfektes Fahrradrevier. Ein Brückendamm führt bei Fährdorf über die Meerenge „Breitling" zur Insel.

Gut geschütztes Baden auf der Insel Poel

SEHENSWERT

Die romanisch-gotische **Inselkirche** (Kirchdorf; Urspr. 13. Jh.) lohnt einen Besuch, der Timmendorfer **Leuchtturm** (21 m, 1871; nicht zu besteigen) oder der dortige **Fischereihafen.** Am Schwarzen Busch erinnert eine **Gedenkstätte** an den Untergang der „Cap Arkona" 1945 mit Tausenden KZ-Häftlingen, irrtümlich von alliierten Bombern versenkt.

MUSEUM

Von der Inselgeschichte erzählt das **Heimatmuseum** im alten Schulhaus (Möwenweg 4, Kirchdorf; Mitte Mai–Mitte Sept. Di.–So. 10.00 bis 16.00, sonst Di., Mi., Sa. 10.00–12.00 Uhr).

INFORMATION

Kurverwaltung, Wismarsche Straße 2
23999 Kirchdorf, Tel. 03 84 25 2 03 47
www.insel-poel.de

3 Kühlungsborn

Im größten Seebad Mecklenburg-Vorpommerns lockt vor allem der kilometerlange Sandstrand Besucher an. Die touristische Infrastruktur war bereits zu DDR-Zeiten perfekt ausgebaut. Die Schmalspurbahn „Molli" verbindet Kühlungsborn mit Bad Doberan.

RESTAURANT UND CAFÉ

Draußen sitzen und sich mit Kaffee und Kuchen verwöhnen lassen: Der € € **Weiße Pavillon** ist ein Klassiker (Auf dem Kamp 1, Tel. 03 82 03 6 23 26, www.weisser-pavillon.de).

INFORMATION

Touristik Service Kühlungsborn
Ostseeallee 19, 18225 Ostseebad Kühlungsborn, Tel. 03 82 93 84 90
www.kuehlungsborn.de

4 Wismar

Gemeinsam mit Stralsund ist Wismar (42 400 Einw.) Unesco-Welterbestätte, vor allem der gut erhaltenen Bausubstanz aus der Hansezeit wegen. Zwischen 14. und 16. Jh. war Wismar einer der bedeutendsten Handelsplätze im Ostseeraum. Von 1643 bis 1903 gehörte die Stadt zu Schweden.

SEHENSWERT
Größte Sehenswürdigkeit ist der **Marktplatz** TOPZIEL, eingerahmt von den schönsten Häusern der Stadt. Das Renaissance-Brunnenhaus „Wasserkunst" (um 1600) versorgte bis vor 100 Jahren die Stadt. Am Marktplatz stehen das klassizistische Rathaus (Anf. 19. Jh.) und der „Alte Schwede" – Wismars ältestes Haus (1380, heute Gaststätte) – überstand die Jahrhunderte nahezu unbeschadet. Drei gotische Stadtkirchen überragen die Altstadt. Die **Nikolaikirche,** zwischen 1380 und 1508 erbaut, hat den Zweiten Weltkrieg fast unbeschädigt überstanden. Das 37 m hohe Langhaus gehört zu den höchsten Deutschlands, der Krämeraltar mit „Maria im Strahlenkranz" zu den besten Schnitzarbeiten der deutschen Gotik. Von der **Marienkirche** blieb der 80 m hohe Turm; in ihm ist die Ausstellung „Wege zur Backsteingotik" (mit 3-D-Filmpräsentation) untergebracht. **St. Georgen** (Urspr. um 1300) ebenfalls stark zerstört, wurde in den 1990er-Jahren rekonstruiert. In der **Heilig-Geist-Kirche** (Urspr. 15. Jh.) sind vor allem die barocken Deckenmalereien mit alttestamentarischen Szenen beachtenswert. Von der mittelalterlichen Stadtbefestigung blieb allein das **Wassertor** (um 1450) in der Nähe des Alten Hafens erhalten.

RESTAURANT
Im rustikalen € **Brauhaus am Lohberg** wird selbst gebrautes Bier ausgeschenkt (Kleine Hohe Str. 15, Tel. 03 84 1 25 02 38).

Tipp

Erlebnis Deutsche Einheit

Die Erlebnisstraße Deutsche Einheit führt an der ehem. deutsch-deutschen Grenze entlang und verbindet dabei 80 Grenzdenkmale und 25 Grenzmuseen. In Mecklenburg u. a.: Grenzwachttürme in Dassow, Grenzanlagen bei Leisterförde (nördl. Boizenburg) und Grenzdenkmal in Rüterberg an der Elbe. Das „Grenzhus" in Schlagsdorf zeigt eine Ausstellung zur deutsch-deutschen Teilung und eine nachgebaute Grenzanlage.

GRENZHUS
Neubauerweg 1
Schlagsdorf (nordöstl. Ratzeburg)
www.grenzhus.de; Mo.–Fr. 10.00 bis 16.30, Sa.,So. 10.00–18.00 Uhr
Weitere Stätten auf der Internetseite www.grenzgedaechtnis.de

MUSEEN
Das **phanTECHNIKUM** stellt Mecklenburg-Vorpommerns Technikgeschichte interaktiv dar (Zum Festplatz 3, in Werftnähe; Juni bis Sept. tgl. 10.00–18.00, sonst Di.–So. 10.00 bis 17.00 Uhr). Das **Stadtgeschichtliche Museum** ist im Schabbellhaus untergebracht. Dieses bis 1571 im Auftrag des Ratsherrn Hinrich Schabbell erbaute Gebäude ist mindestens ebenso interessant wie die Ausstellung zur Stadtgeschichte (Schweinsbrücke 8, www.schabbellhaus.de; wegen Renovierung geschl.). Der **Rathauskeller** zeigt die ständige Ausstellung „Wismar – Bilder einer Stadt" (April–Sept. tgl. 9.00–18.00, sonst 10.00–16.00 Uhr). 2014 eröffnete das **Welt-Erbe-Haus** (Lübsche Str. 23), das sich der Geschichte der Hansestadt widmet.

VERANSTALTUNGEN
Schwedenfest (Aug.; www.schwedenfest-wismar.de)

UMGEBUNG
5 km südl. liegt das einst namengebende **Dorf Mecklenburg** mit dem Hügel einer slawischen Wasserburg (Urspr. 7. Jh.) sowie einer Backsteinkirche aus dem 14. Jh. Die Dorfmühle (1849) ist heute Gaststätte.

INFORMATION
Tourismuszentrale, Lübsche Str. 23a
23966 Wismar, Tel. 03 84 1 1 94 33
www.wismar.de

5 Gadebusch

Der mittelalterliche Rittersitz erhielt 1225 Stadtrecht und war im 16./17. Jh. Residenz von Mitgliedern der mecklenburgischen Herzogsfamilie.

SEHENSWERT
Das **Rathaus** aus dem 14. Jh. am dreieckigen Marktplatz, das **Renaissanceschloss** aus

„Kleines Fest im Großen Park", Ludwigslust (oben); der „Alte Schwede" in Wismar (links)

dem 16. Jh. (privat; Fassadenschmuck aus Terrakotta) und die spätromanische **Pfarrkirche** (Wandmalereien aus dem 14. Jh., Taufstein von 1450) lohnen einen Besuch.

UMGEBUNG
Westl. von Gadebusch beginnt das Biosphärenreservat **Schaalsee,** einst die deutsch-deutsche Grenze. Für die Natur ein Glücksfall, so blieb sie vor Eingriffen verschont (s. S. 36).

INFORMATION
Stadtinformation, Am Markt 1
19205 Gadebusch, Tel. 0386 2 12 10
www.gadebusch.de

6 Schwerin

Die kleinste der deutschen Landeshauptstädte (91 000 Einw.) ist seit ihrer Gründung 1160 das politische und kulturelle Zentrum Westmecklenburgs. Bis 1918 residierten hier die Herzöge von Mecklenburg-Schwerin, Hof und Hofstaat prägten die Altstadt.

SEHENSWERT
Hauptsehenswürdigkeit ist das **Schloss** TOPZIEL auf einer Insel zwischen dem Burgsee und dem Schweriner See. Im 16. Jh. errichtet, wurde es zwischen 1845 und 1857 umgestaltet. Die einstige Residenz ist heute Sitz des Landtags von Mecklenburg-Vorpommern. Dennoch können Teile des Schlosses, die Prunk- und Wohnräume der Großherzöge, besichtigt werden (Mitte April–Mitte Okt. Di.–So. 10.00 bis 18.00, sonst Di.–So. 10.00–17.00 Uhr). Der Garten auf der Schlossinsel entstand nach Plänen des berühmten Gartenarchitekten Joseph Peter Lenné. Eindrucksvoll ist auch der **Dom** (1280–1420), eine dreischiffige Backsteinbasilika. Von der Aussichtsplattform (50 m) im 118 m hohen Turm, erst im 19. Jh. angefügt, genießt man einen weiten Blick (Mo.–Sa. 10.00–17.00, So. 12.00–17.00 Uhr). Nördl. der Schlossinsel liegen das Fachwerkgebäude des **Alten Palais** (1791–1799) und das **Staatstheater** im Renaissance- und Barockkleid (1883–1886).

MUSEEN
Die **Kunstsammlungen des Landes Mecklenburg-Vorpommern** zeigen Kunstwerke

von der Antike bis zur Gegenwart; Stolz des Museums ist die Sammlung holländischer und flämischer Malerei des 17. und 18. Jh. (Alter Garten 3, www.museum-schwerin.de; Mitte April–Mitte Okt. Di., Mi., Fr.–So. 10.00–18.00, Do. bis 20.00, sonst Di.–So. 10.00–17.00 Uhr).

HOTEL UND RESTAURANT
Der € € € **Niederländische Hof** ist ein Spitzenhotel direkt am Pfaffenteich (Alexandrinenstr. 12–13, Tel. 03 85 59 11 00, www.niederlaendischer-hof.de). Essen und schauen ist die Devise im € € / € **Restaurant im Fernsehturm** (Hamburger Allee 72, Tel. 03 85 201 00 20, www.fernsehturm-schwerin.de).

VERANSTALTUNGEN
Schlossfestspiele (Juni/Juli; www.theater-schwerin.de), **Drachenbootfestival** s. nebenstehend (Aug.)

INFORMATION
Schwerin-Information
Am Markt 14, 19055 Schwerin
Tel. 03 85 592 51 12, www.schwerin.com

7 Ludwigslust

Herzog Christian Ludwig II. ließ 1724 ein Jagdhaus errichten. 1764 verlegte sein Sohn Friedrich der Fromme die Residenz der mecklenburgischen Herzöge hierher; die Stadt wurde zum barocken Zentrum des Landes.

SEHENSWERT
Hauptsehenswürdigkeit ist das „Versailles des Nordens", das **Schloss** (1772–1776), mit Gemälde-, Miniaturen- und Waffensammlung (Mitte April–Mitte Okt. Di.–So. 10.00–18.00, sonst Di.–So. 10.00–17.00 Uhr). Der **Schlosspark** mit Parkbauten, Denkmälern und Teichen mit Wasserspielen gehört zu den größten Parkanlagen Mecklenburg-Vorpommerns. Die ehem. **Schlosskirche** (bis 1770) erinnert mit ihrem Säulenportikus an einen griechischen Tempel; Blickfang im Inneren ist der steinerne Sarkophag von Herzog Friedrich.

VERANSTALTUNGEN
Kleines Fest im Großen Park (Aug.), **Schlosskonzerte** (Mai–Sept.)

UMGEBUNG
Neustadt-Glewe (nordöstl.) wird wegen seiner Fachwerkhäuser, der frühgotischen Marienkirche (Urspr. 14. Jh.) und der Alten Burg (14. und 15. Jh.; Museum) gern besucht. Letztere gilt als Muster eines mittelalterlichen Wehrbaus in Mecklenburg-Vorpommern. **Dömitz** (32 km südw.) ist für seine Renaissancefestung (16. Jh.) bekannt (www.festung-doemitz.de; Mai–Anf. Okt. Di.–Fr. 9.00–17.00, Sa. und So. 10.00–18.00 Uhr, sonst kürzer).

INFORMATION
Ludwigslust-Information, Schlossstr. 36
19288 Ludwigslust, Tel. 03 87 4 52 62 51
www.stadtludwigslust.de

Genießen Erleben Erfahren

DuMont Aktiv

Drachen im Pfaffenteich

Schwerin steht im Zentrum des deutschen Drachenbootsports. Jedes Jahr im August wird auf dem Pfaffenteich ein großes Drachenbootfestival veranstaltet.

Ursprünglich kommt der Drachenbootsport aus China – dort paddelt man schon lange mit den langen offenen Booten, deren Bug ein Drachenkopf und deren Heck ein Drachenschwanz ziert, um die Wette. Die modernen Wettkampfboote kommen ohne die Verzierung aus, werden aber dennoch als Drachenboot bezeichnet.

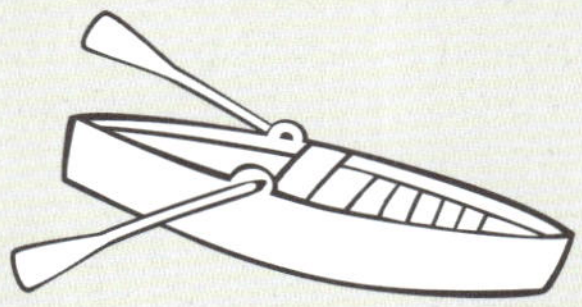

Alles begann 1992 mit den ersten Deutschen Meisterschaften im Drachenboot auf dem Schweriner Pfaffenteich. Kaum jemand kannte damals diese Sportart, entsprechend wenig Bewerber gab es, als man einen Veranstaltungsort suchte. Die Schweriner machten ihre Sache so gut, dass sie ein Jahr später die Europameisterschaft veranstalten durften. Die Sportler aus der Hauptstadt Mecklenburg-Vorpommerns gehören zu den besten Deutschlands. Zum alljährlichen Drachenbootfestival reisen 3800 Paddler an – nahezu 40 000 Zuschauer verfolgen die Rennen vom Ufer aus. Seit gut fünf Jahren werden in Schwerin zudem in Deutschlands erster Drachenbootschule Sportlehrer ausgebildet, die das Drachenbootfahren als Schulsport populär machen sollen.

Weitere Informationen

Drachenbootfestival:
Aktuelle Infos und Anmeldung für die Wettkämpfe unter www.drachenbootfestival.de

Drachenbootschule:
Kanurenngemeinschaft Schwerin
Schleifmühlenweg 38, 19061 Schwerin
Tel. 03 85 56 57 57, www.krg-schwerin.de

Alle teilnehmenden Boote tragen als „Gallionsfigur" am Bug einen handgeschnitzten Drachenkopf. Das Heck wird von einem bunten Drachenschwanz geziert.

Ein Meer von Seen

Die Müritz ist das touristische Herz der Region. Tierfreunde können im Müritz-Nationalpark auf die Pirsch nach 214 Vogelarten gehen. Wanderer finden ein riesiges Naturreservoir, und die Wassersportler, für die ist besonders gut gesorgt – in der Mecklenburgischen Seenplatte wartet ein Wasserwegenetz von 2000 Kilometern Länge.

Die Müritz ist über weite Ufer eine stille Welt und ein herrliches Revier für Wassersportler.

Südlich von Waren führt ein Bohlenweg durch das zum Nationalpark gehörende Feuchtgebiet rund um den Wienpitschsee, ein Paradies für Naturfreunde.

Eine Kremserfahrt mit ruhig dahinzottelnden Pferden ist ein entspanntes Nationalpark-Erlebnis.

Die Mühe des Aufstiegs lohnt allemal: Weit reicht der Blick vom Röbeler Marienkirchturm.

Idyllischer geht es fast nicht. Entsprechend begehrt sind die Häuschen direkt am Wasser – hier in Krakow am See.

„Die Müritz ist Deutschlands größter See." Wer in der Mecklenburgischen Seenplatte unterwegs ist, wird diesen Satz öfter hören. Man legt in der Region großen Wert auf diesen Superlativ – und rechnet dann dem Gast genau vor, dass der Bodensee zwar größer sei, aber da sich Deutschland den See mit Österreich und der Schweiz teilen müsse, sei die Müritz eben doch größer. Ganz korrekt ist das zwar nicht, denn selbst der „deutsche" Anteil des Bodensees übertrifft die Fläche der Müritz. Aber immerhin: Mit ihren 117 Quadratkilometern ist die Müritz das größte Gewässer, das vollständig innerhalb Deutschlands liegt.

Eigentlich hätte man in Mecklenburg den Wettbewerb gar nicht nötig. Denn schön ist der See allemal – egal ob er nun

Der Müritz-Nationalpark umfasst große Wasserflächen und verträumte Waldteiche gleichermaßen.

Nummer eins oder Nummer zwei ist, was die Größe angeht. Das Gebiet um die Müritz ist das ideale Urlaubsziel für Radler und Naturfreunde und natürlich für jede Art von Wassersportlern. Sie finden hier ein Wasserwegenetz von eindrucksvollen 2000 zusammenhängenden Kilometern. Sicherlich mehr als ein Freizeitkapitän während seines Urlaubs abfahren kann.

Adler vor der Kamera

Waren, die mit 21 000 Einwohnern größte Stadt am See, ist der Ausgangspunkt vieler Touren. Bevor man in die Pedale tritt, ins Boot steigt oder zu einer Wanderung aufbricht, steht erst einmal ein Besuch des großen Naturkundemuseums Müritzeum auf dem Programm. Seine Hauptattraktion ist das Aquarium im Untergeschoss, in dem nur Fische zu sehen sind, die in Meck-

Ungewöhnlich, das achteckige Kirchlein von Ludorf östlich Röbel aus dem 14. Jahrhundert

Hauptsache auffallen: Badewannenrallye in Plau am See

Blick von Warens Marienkirchturm auf die Altstadt mit der Georgenkirche (14. Jh.). Sie ist das älteste Gebäude der Stadt. Lebhaft geht es vor allem an der Uferpromenade zu.

Warens alter Kern bietet so manch schönes Fachwerk – darunter das „Hotel Onkel Hermann" in der Großen Wasserstraße.

Waren hat konsequent in seine touristische Infrastruktur investiert – restaurierte Altstadtgassen, Restaurants und Unterkünfte, Jachthafen –, und der Erfolg ließ nicht lange auf sich warten.

lenburg-Vorpommern auch vorkommen. Mehr Natur gibt es dann draußen. Man braucht gar nicht einmal allzu viel Glück, um die Fischadler über dem See kreisen zu sehen. Oder man schaut ihnen gleich beim Brüten und Füttern der Jungen zu – live übertragen von einer Kamera am Nest ins Nationalparkzentrum in Federow.

Der 1990 gegründete Müritz-Nationalpark ist der größte Landnationalpark der Bundesrepublik und dank seiner Vogelvielfalt ein Paradies für Hobby- und berufsmäßige Ornithologen. Die bekommen hier nicht nur See- und Fischadler zu sehen – man hat 214 Vogelarten im Park gezählt. Inzwischen sind sogar Wölfe als zeitweilige Gäste in das Gebiet zurückgekehrt. Die schafften es im Januar 2011 auf die Titelseiten der Regionalpresse, als sie in einem Gehege gehaltene Rentiere rissen.

Knapp 40 Kilometer sind es von Waren bis Rechlin, lange Zeit tabu für Besucher. Hinter den verschlossenen Toren herrschte das Militär. Zu Zeiten des Dritten Reiches war hier die Erprobungsstätte der deutschen Luftwaffe zu Hause – Testgelände neuer Flugzeugtypen vor dem Ernst des Kriegsalltags. Später waren in Rechlin sowjetische Streitkräfte stationiert, und für die DDR-Armee stellte man in einer Werft Rettungsboote her. An die technische Seite dieser Vergangenheit erinnert das Luftfahrttechnische Museum. Technikinteressierte bekommen alte sowjetische Kampfflugzeuge, ein Patrouillenboot aus DDR-Zeiten und Nachbauten von deutschen Kampffliegern des Zweiten Weltkriegs zu sehen.

Röbel ist das zweite Zentrum an der Müritz – die Altstadt mit ihren Fachwerkhäusern und die Marienkirche aus dem 13. Jahrhundert sollte man auf jeden Fall besuchen, denn vom 58 Meter hohen Turm hat man den perfekten Seeblick. Bei gutem Wetter schaut man hinüber bis nach Waren.

Erbe der Eiszeit

Die Mecklenburgische Seenplatte mit ihren über 1000 Seen ist das größte zusammenhängende Seengebiet Mitteleuropas und während der letzten Eiszeit vor etwa 12 000 Jahren entstanden. Damals war skandinavisches Inlandeis weit in den Süden vorgedrungen. Die von den Gletschern mitgeschleppten Geröllmassen wurden teilweise zerrieben und bauten eine Grundmoräne von bis zu 70 Metern Höhe auf. Aus diesem Grund verwöhnt die Landschaft das Auge mit einem sanften Auf und Ab – ein ideales Gebiet für Ausflüge mit dem Elektrofahrrad.

Nur wenige Minuten von der Stadt entfernt liegt Güstrows Inselsee,
den die charakteristischen Bootshäuser säumen.

Die letzten Strahlen der Abendsonne lassen sich an Güstrows Inselsee genießen.
Ernst Barlachs Wohn- und Atelierhaus stand hier am See.

Ein breiter Wassergraben umschließt den Güstrower Schlossgarten, hinter dem der bedeutendste Renaissancebau Mecklenburgs aufragt.

Typisch Mecklenburg: eine Allee, hier bei Rottmannshagen

Special

Ernst Barlach

Ein Künstler in Güstrow

Der Bildhauer, Zeichner und Literat Ernst Barlach (1870–1938) zog 1910 nach Güstrow. Hier entstanden alle seine Hauptwerke, und hier blieb er wohnen, bis kurz vor seinem Tod. Trotz seiner 1934 im „Aufruf der Kulturschaffenden" dokumentierten Hitlertreue wurden viele seiner Werke als „entartet" aus Museen und Ausstellungen entfernt, einige sogar zerstört und Barlach mit Ausstellungsverbot belegt.

In Güstrow erinnert man an mehreren Orten an den berühmten Künstler. In der spätgotischen Gertrudenkapelle ist seit 1953 eine Gedenkstätte für Ernst Barlach errichtet. Hier werden Holzskulpturen und weitere bildhauerische Werke gezeigt. Das Atelierhaus am Inselsee war Barlachs ehemalige Wohn- und Arbeitsstätte. Ende der 1920er-Jahre konnte sich Barlach vor Aufträgen kaum retten und gab deswegen 1931 den Neubau in Auftrag.

Im Atelierhaus an Güstrows Inselsee

Seit 1978 ist hier ein Museum untergebracht, das mit nunmehr rund 300 Plastiken, 110 Handzeichnungen und 430 druckgrafischen Werken einen umfassenden Einblick in das Schaffen des Künstlers gibt. Zudem wurde in unmittelbarer Nachbarschaft im Jahr 2007 das Ausstellungsforum als Erweiterung der bestehenden Ausstellung errichtet.

Nicht nur ältere Menschen entdecken das E-Bike als neue Art der Fortbewegung. In der Seenplatte hat man das verstanden und bietet Touren mit Elektrofahrrädern an. „Viele Kunden wollen sich nicht um Routenplanung kümmern und sich den Akku wechseln lassen, wenn er leer ist," sagt Jörn Kolbe, der Repräsentant des E-Bike-Spezialisten Movelo für Mecklenburg-Vorpommern. Das Wort „Mobilitätsgarantie" umschreibt diesen Rundumservice. Rund 90 Prozent der Kunden, die eine E-Bike-Tour buchen, seien Nicht-Fahrradfahrer. „Sie fahren nur, weil das Ding einen Motor hat." Hören tut man von dem Motor allerdings nichts. Der ist aber ohnehin nur zur Unterstützung gedacht – ganz ohne Treten fährt auch ein E-Bike nicht. „Wenn sich der Motor zuschaltet, ist das, als ob einen von hinten jemand anschieben würde," beschreibt Kolbe das Fahrgefühl. Leise und entspannt geht es also durch die Seenlandschaft, und so ist die Umrundung der Müritz an nur einem Tag auch für weniger Sportliche machbar. Sogar Ausflüge bis zum Plauer See werden von Waren aus für jedermann möglich.

Luxus nach der Wende

Am Fleesensee ist nach der Wende der Luxus eingezogen. Wo sich noch 1989

Im 19. Jahrhundert prägte preußischer Stil auch Mecklenburg: Rottmannshagens Friedhofskapelle (oben links). Gelb leuchtet das Land im Frühsommer – die Rapsblüte freut auch Bienen und Imker (oben und unten rechts). Gestaltungsfreude bis in Nebensächlichkeiten: Am Zierker See in Neustrelitz steht dieses 1821 errichtete ehemalige herzogliche Wäschespülhäuschen.

Die 32 Kilometer der Müritz-Havel-Wasserstraße – hier zwischen Vilzsee und Rätzsee – dienen mittlerweile nur noch Freizeitkapitänen.

Mecklenburgs „Königin der Herzen" stammte aus dem operettenhaften Neustrelitz.

Schweine der örtlichen LPG suhlten, wird heute Golf oder Tennis gespielt, geritten und gewandert. „Land Fleesensee" nennt sie sich Deutschlands größte Ferien- und Freizeitanlage – 2000 Betten in mehreren Spitzenhotels auf einer Fläche von 550 Hektar. Da ist auch genügend Platz für Nordeuropas derzeit größtes Golfresort mit fünf Plätzen und 72 Löchern. Für die strukturschwache Region ist das „Land Fleesensee" der wichtigste Arbeitgeber mit mehreren hundert Angestellten.

Die Prinzessin und der Dichter

In Neustrelitz haben bis ins Jahr 1918 die Herzöge von Mecklenburg-Strelitz residiert, eine Herrschaft, die mit dem (vermutlichen) Selbstmord des Großherzogs Adolf Friedrich VI. endete. Während sich an ihn heute nur noch die wenigsten erinnern, ist Prinzessin Luise von Mecklenburg-Strelitz (1776–1810) im Gedächtnis der Menschen immer noch präsent. Als Gemahlin von Friedrich Wilhelm III. war sie Königin von Preußen und wird als schön und volksnah beschrieben. Zur Heldin wurde die Prinzessin, nachdem sie sich nach der Niederlage Preußens gegen Frankreich in die Friedensgespräche einschaltete und Napoleon um milde Friedensbedingungen bat. Der Franzose war zwar begeistert von ihrer Schönheit und ihrem Auftreten, in der Sache aber blieb er hart. Trotzdem wurde Luise, die bereit war sich für den Staat und ihren Gemahl vor Napoleon zu erniedrigen, der Liebling der Menschen. Ihr kurzes Leben – sie starb 1810 nur 34-jährig an einer Lungenerkrankung – trug weiter zur Legendenbildung bei. Zu ihrem Gedenken wurden 2001 die ersten Schlossgartenfestspiele in Neustrelitz mit der Operette „Luise, Königin der Herzen" eröffnet. Im „Luisenjahr" 2010 wurde das Werk von Johann Strauß dann noch einmal in dem herrlichen barocken Schlosspark aufgeführt.

Nur wenige Kilometer weiter nördlich, in Stavenhagen, kam im Todesjahr der Prinzessin der Mundartdichter Fritz Reuter (1810–1874) auf die Welt. Sein Name ist mittlerweile Bestandteil des Stadtnamens der Reuterstadt – ein Erbe der DDR. Die größte Sehenswürdigkeit am Ort ist das Geburtshaus des Schriftstellers, das ehemalige Rathaus. Heute beherbergt es das Fritz-Reuter-Literaturmuseum. Dass Reuter trotz seiner Heimatverbundenheit auch Probleme mit seinen Landsleuten hatte, zeigen die Paragraphen 1 und 2 seiner mecklenburgischen Verfassung. Die lauten: „Allens bliwvt bin' ollen" – „Alles bleibt beim Alten" – und „Nix ward ännert" – „Nichts wird verändert".

MIT DEM HAUSBOOT

Einmal als Kapitän unterwegs

Die Mecklenburgische Seenplatte ist ein Paradies für Wassersportler und solche, die es werden wollen. An mehreren Orten kann man Hausboote mieten und ohne Bootsführerschein fahren.

Der erste Tag an Bord beginnt mit einer Einweisung durch den Skipper – und den ersten eigenen aufregenden Manövern.

Ihr entscheidet, wann und wo ihr anlegt“, sagt der freundliche Bootsmann, der uns vor dem Ablegen einen Kurzlehrgang im Hausbootfahren gibt. Und damit gibt er auch schon das Motto unserer Reise vor. Ohne Plan und Ziel schippern wir über die Seenplatte – einfach die Seele baumeln lassen oder vielleicht doch lieber die Angelrute. Denn das Nächste, was der Vermieter bei der Übergabe des Bootes gesagt hat, war: „Wenn ihr euch selbst versorgen wollt, dann ist das euer Kühlschrank.“ Dabei deutete sein Finger nicht in Richtung der kleinen, aber gut ausgestatteten Küche, sondern nach unten auf die Seeoberfläche.

Abendessen aus dem See

Der kleine Scherz ist im Mietpreis inbegriffen. Die Fische, die man aus dem See holt, sind das auch. Vorausgesetzt, man hat seine Papiere in Ordnung: Den Touristenfischereischein haben wir gleich im Büro der Verleihstation gekauft, und eine Angelkarte haben wir auch in der Tasche. Barsch, Hecht, Zander, Wels und Schleie sind nur einige der Fischarten, die uns der Vermieter als mögliche Beute nennt. Angel und Angelschein waren in unserem Fall allerdings eine Fehlinvestition, geangelt haben wir kaum. Dafür hatten wir viel zu viel Anderes zu tun. Lesen, Sonnenbaden oder einfach in die Luft schauen – und dann wieder ans Ufer. Und schließlich mussten wir uns von all den schrecklich anstrengenden Aktivitäten wieder erholen. Nudeln schmecken zum Abendessen ja auch ganz ausgezeichnet.

Und einer musste immer Ruder gehen, wie es seemännisch heißt, also am Steuer stehen bzw. sitzen. Einen Bootsführerschein hat keiner von uns, aber den braucht man auch nicht, wenn man mit dem Hausboot auf der Seenplatte unterwegs ist. Im Internet hatte es auf der Seite unseres Verleihers ganz aufmunternd geheißen, dass wir „schnell mit der Gelassenheit eines erfahrenen Skippers am Ruder stehen werden“. Und so war es auch, zumal wir sicherheitshalber die sagenhafte Spitzengeschwindigkeit unseres Boots von zehn Stundenkilometern kein einziges Mal ausgereizt

Ohne Hektik durchpflügt
ein Hausboot sein Revier –
hier den Granzower
See bei Mirow.

Auf dem Weg zur großen Urlaubsfreiheit: von der Kleinen Müritz hinaus auf das „Mecklenburgische Meer"

haben. Wie gesagt, wir hatten anderes zu tun – lesen, sonnen, faulenzen und ein bisschen rumgucken. Willkommen im Land der Langsamkeit!

Wunderbare Entspanntheit

Es ist nämlich wunderschön, auf der Mecklenburger Seenplatte unterwegs zu sein. Ein Wäldchen links, einmal sogar mit Reh, eine Wiese rechts, meistens mit Kühen, voraus ein Kirchturm, immer backsteinrot. Und Biber haben wir gesehen, ein paar Reiher und ganz viele Vögel, von denen keiner von uns die Namen kannte.

Wo genau wir mit unserem Boot unterwegs gewesen waren, wusste am Ende keiner von uns mehr so richtig. Gut, in Untergöhren am Fleesensee hatten wir das Boot übernommen, und dorthin haben wir es nach einer Woche auch wieder zurückgebracht. Wie aber die Seen, Flüsse und Kanäle alle hießen, die wir in der Zwischenzeit durchfahren haben? Doch wir hatten genug zu tun: lesen, sonnen, faulenzen ... Und die Mutigen von uns haben auch ausgiebig gebadet. Mir waren die 18 Grad Wassertemperatur zu frostig – das nächste Mal mache ich die Hausboottour im Hochsommer.

Im sicheren Hafen

Das Anlegen an einer Marina übrigens sei gar nicht schwer, wurde uns bei der Einweisung versichert. Ausprobiert haben wir es nicht oft, sondern lieber in einer ruhigen Bucht Anker geworfen. Wobei „werfen" hier das falsche Wort ist. Der Anker wird beim Hausboot nämlich ganz vorsichtig mit einer Winsch – für Laien: einer Winde – zu Wasser gelassen. Und mit der wird er dann auch wieder an Bord geholt.

Informationen

Urlaub auf dem Wasser:
unter „Aktiv in der Natur" auf
www.auf-nach-mv.de

Hausbootvermieter (Auswahl):
Locaboat Holidays
Postfach 867, 79008 Freiburg
Tel. 0761 2073 70
www.locaboat.com

Kuhnle Tours,
Hafendorf Müritz, 17248 Rechlin
Tel. 039823 26 60
www.kuhnle-tours.de

Ferien auf dem Wasser
Aschenreutestr. 1, 78591 Durchhausen
Tel. 07464 989 13 70
www.ferien-auf-dem-wasser.de

Auf dem beliebten Müritz-Elde-Kanal, der bis zur Elbe nach Dömitz führt, kann es schon mal enger werden.

Maßstab 1:500.000
0
10km
Stralsund
Greifswald
Grimmen
Demmin
Ribnitz-Damgarten
Graal-Müritz
WARNEMÜNDE
Bad Doberan
ROSTOCK
Bützow
Güstrow
Teterow
Malchin
Reuterstadt Stavenhagen
Altentreptow
Neubrandenburg
Waren (Müritz)
Müritz
Müritz-Nationalpark
Neustrelitz
Strelitzer Seenplatte
Röbel
Malchow
Plau am See
Plauer See
Krakow am See
Goldberg
Lübz
Pritzwalk
Wittstock /Dosse
Wittstocker Heide
Perleberg
Rheinsberg
Stechlin-Ruppiner Land
Fürstenberg
Kummerower See
Mecklenburgische Schweiz
Mecklenburgische Seenplatte
Tollensesee
Fleesensee
Kölpinsee
Drewitzer See
Rostocker Heide
Lindholz
Trebel
Recknitz
Warnow
Sperrgebiet
1
2
3
4
5
6
7
8

Das blaue Band Mecklenburgs

Mehr als 1000 Seen machen die Mecklenburgische Seenplatte zum Paradies für Freizeitkapitäne jeder Art. Aber auch Fahrradfahrer, Wanderer und Vogelbeobachter sind hier bestens aufgehoben.

1 Güstrow

Als „Barlachstadt" und „kleines Paris des Nordens" (30 000 Einw.) bekannt, hat die einstige Residenzstadt (1228–1436 und 1556–1695) des Güstrower Zweigs der Herzöge von Mecklenburg einiges zu bieten.

SEHENSWERT

Das **Schloss** (1558–1598), eines der bedeutenden Renaissancegebäude Norddeutschlands, diente zeitweise als Kaserne und Gefängnis; heute beherbergt es ein Kunstmuseum (www.schloss-guestrow.de; Di.–So. 10.00–17.00 Uhr). Im Stadtzentrum sind vor allem das **Rathaus** (1798) am Markt, das klassizistische **Theater** (1828) und der im 13. Jh. erbaute **Dom** sehenswert; im Inneren befindet sich die Barlach-Skulptur „Der Schwebende". Das Original des Ehrenmals für die Gefallenen des Ersten Weltkriegs war 1937 als „entartet" für Rüstungszwecke eingeschmolzen worden; die heutige Skulptur ist eine Kopie von 1953. Ein weiteres Barlachwerk, die Terrakottaplatte „Engel der Hoffnung", ist in der spätgotischen **Marienkirche** (14. und 16. Jh.) zu sehen.

MUSEEN

In der **Gertrudenkapelle** (Gertrudenplatz 1) und in seinem ehem. Wohnhaus, dem **Atelierhaus** am Inselsee (Heidberg 15, www.ernst-barlach-stiftung.de; beide April–Okt. Di.–So. 10.00–17.00, Nov.–März Di.–So. 11.00–16.00 Uhr), sind wichtige Werke Ernst Barlachs ausgestellt. Im **Umweltbildungszentrum im Natur- und Umweltpark** (Verbindungschaussee 1, www.nup-guestrow.de; April–Okt. tgl. 9.00–19.00, Nov.–Feb. bis 16.00, März bis 18.00 Uhr) kann man u. a. im Aquatunnel einheimische Fischarten sehen.

HOTEL

Direkt am Inselsee liegt das **€ € Kurhaus am Inselsee** (Heidberg 1, 18273 Güstrow, Tel. 03 84 3 85 00, www.kurhaus-guestrow.de).

INFORMATION

Güstrow-Information, Franz-Parr-Platz 10
18273 Güstrow, Tel. 03 84 3 68 10 23
www.guestrow-tourismus.de

Güstrower Schätze: der Dom (oben) und der Flügelaltar (1522) in der spätgotischen Marienkirche (rechts).

2 Plau am See

Die urspr. slawische Siedlung erhielt im 13. Jh. Stadtrecht. Mit gut erhaltenen Fachwerkbauten im Stadtkern gehört Plau am See (6000 Einw.) zu den schönsten Orten der mecklenburgischen Seenplatte.

SEHENSWERT

In der historischen **Altstadt** sind vor allem die Häuser in der Rahmwallstraße 1, Am Markt 13 und 15, Am Eichberg 13 und 15 sowie in der Stietzstraße sehenswert.

MUSEEN

Das **Museum im Burghof** zeigt Heimatkundliches (Am Burgplatz; April–Okt tgl. 10.00 bis 17.00 Uhr), das kleine **Bildhauermuseum Wilhelm Wandschneider** (Kirchplatz 3; Juni bis Sept. Mo.–Fr. 10.00–12.00 und 13.00–15.00, Sa. 10.00–12.00 Uhr, sonst Mo.–Fr. 10.00–12.00, Di. 10.00–12.00, 15.00–18.00 Uhr) Plastiken und Dokumente des „kleinen Michelangelos aus Mecklenburg" (1866–1942).

VERANSTALTUNG

Mitte Juli: **Plauer Badewannenrallye**

UMGEBUNG

Lübz (westl.; 6100 Einw.) ist seit 1877 durch seine Brauerei bekannt. Das **Kloster Dobbertin** (15 km nordw.; Urspr. 13. Jh.) wurde 1837 nach Plänen von Karl Friedrich Schinkel neugotisch umgestaltet.
In **Stuer** (15 km südöstl.) ist der Bärenwald Müritz zu finden (www.baerenwald-mueritz.de; April–Okt. tgl. 9.00–18.00, Nov.–März tgl. 10.00 bis 16.00 Uhr). Er bietet Bären, die unter unwürdigen Bedingungen in Zirkussen, kleinen Tierparks oder bei fahrenden Schaustellern lebten, in dem großen Freigehege eine neue Heimat.

INFORMATION

Tourist-Information
Marktstr. 20
19395 Plau am See
Tel. 03 87 35 4 56 78
www.plau.de

3 Malchow

Der Luftkurort (6500 Einw.) nennt sich Inselstadt – genehmigterweise wegen der einzigartigen Insellage der historischen Altstadt.

SEHENSWERT
Im 13. Jh. erfolgte die Klostergründung, an die noch der Kreuzgang erinnert. Die neugotische **Kirche** wurde bis 1890 errichtet. Sie beherbergt heute ein **Orgelmuseum** (April–Sept. Di. bis So. 10.00–17.00 Uhr). Die gut erhaltene **Stadtmühle** ist etwa 130 Jahre alt.

MUSEUM
Das **DDR-Museum** im ehem. Filmpalast (1957) zeigt Alltagsgeschichte (Kirchenstraße 25; Mai bis Sept. Di.–So. 10.00–17.00 Uhr).

INFORMATION
Fleesensee-Touristik Malchow
Kirchenstr. 2
17213 Malchow
Tel. 03 99 32 8 31 86
www.tourismus-malchow.de

4 Röbel

Das einst stille Müritzstädtchen (5100 Einw.) hat sich zu einem beliebten Urlaubsstandort in der Region entwickelt. Doch auch der Tourismus kann nicht allen Menschen hier Arbeitsplätze garantieren.

SEHENSWERT
Die **Altstadt** mit ihren Fachwerkhäusern und der gotischen **Marienkirche** (13. Jh.) ist einen Bummel wert. Vom 58 m hohen Kirchturm hat man einen herrlichen Blick über die Müritz. Ebenfalls aus dem 13. Jh. stammt die gotische **Nikolaikirche.**

Tipp

Bis nach Dänemark

630 km ist man auf dem Radweg Berlin-Kopenhagen von der deutschen Hauptstadt bis in die dänische Kapitale unterwegs. 255 km davon verlaufen durch Mecklenburg – von Fürstenberg/Havel bis Rostock. Die 16 Etappen, früher nur für durchtrainierte Radler machbar, sind jetzt auch für Freizeitfahrer kein Problem. Schließlich sind an der Strecke in regelmäßigen Abständen Lade- bzw. Akkuwechselstationen für E-Bikes zu finden.

INFORMATION
alles rund um Sehenswertes und Unterkünfte auf der Internetseite
www.bike-berlin-copenhagen.com

Blütezeit im Schlosspark von Neustrelitz, im Hintergrund die Schlosskirche

VERANSTALTUNG
Das **Seefest** (Juli) ist das Volksfest der Region.

INFORMATION
Haus des Gastes
Straße der Deutschen Einheit 7
172097 Röbel, Tel. 03 99 31 8 01 14
www.stadt-roebel.de

5 Mirow

Malerisch an der Müritz-Havel-Wasserstraße gelegen, bedeutet die slawische Gründung „Ort des Friedens". Zentrum ist die Schlossinsel, einst Sommerresidenz der Herzöge von Mecklenburg, Nebenlinie Strelitz.

SEHENSWERT
Die Schlossinsel betritt man durch ein Renaissancetorhaus und kommt dann zum barocken **Schloss,** bis 1751 im Auftrag Adolf Friedrichs III. erbaut. Die mehrfach umgebaute Schlosskirche (Urspr. 14. Jh.) beherbergt die Fürstengruft. Eine schmiedeeiserne Brücke führt zur Liebesinsel mit dem Grabmal Adolph Friedrichs VI., des letzten Großherzogs von Mecklenburg-Strelitz.
Multimedial führt die Ausstellung im **Drei-Königinnen-Palais** durch die Geschichte von Mecklenburg-Strelitz (Schlossinsel 2a, www.3koeniginnen.de; April–Okt. tgl. 10.00–18.00, Nov.–März Fr.–Mo. 10.00–16.00 Uhr).

UMGEBUNG
Das Luftfahrttechnische Museum in **Rechlin** (15 km nordw.) stellt die Geschichte Rechlins als Fliegerversuchsanstalt nach dem Ersten Weltkrieg und als Stützpunkt der DDR- und Sowjetarmee dar (www.luftfahrttechnisches-museum-rechlin.de; Mai–Okt. tgl. 10.00–17.00, Febr.–April Mo.–Fr. 10.00–15.00/16.00 Uhr).

INFORMATION
Tourist-Information, Torhaus, 17252 Mirow
Tel. 03 98 33 2 80 22, www.mirow.m-vp.de

6 Neustrelitz

Die einstige Residenz der Herzöge von Mecklenburg-Strelitz (1733–1918) hat sich viel von ihrem alten Charakter bewahrt. Im Sommer zieht das Schlossgartenfest Besucher an.

SEHENSWERT
In den letzten Kriegstagen 1945 wurde das Schloss zerstört, der **Schlosspark** blieb erhalten und zählt zu den großen Sehenswürdigkeiten des Landes. Skulpturen, Wasserspiele und romantische Wege zwischen alten Bäumen sorgen für ein besonderes Flair. Orangerie (1755 und 1843), Luisentempel (1892), Marstall (1872) und Schlosskirche (1859) bilden die architektonischen Eckpunkte des Parks.
Im **Tiergarten** (Am Tiergarten 14, www.tiergarten-neustrelitz.de; Juni–Aug. tgl. 9.00 bis 19.00 Uhr, sonst kürzer), im ehem. herzoglichen Jagdrevier, leben 450 Tiere.

VERANSTALTUNGEN
Schlossgartenfest (www.festspiele-im-schlossgarten.de; Juli)

UMGEBUNG
10 km östl. liegen bei **Carpin** die zum Müritz-Nationalpark zählenden uralten Buchenwälder von Serrahn. Auf Wander- und Radwegen ist diese einmalige Naturlandschaft kennenzulernen.

INFORMATION
Tourist- und Nationalparkinformation
Strelitzer Str. 1, 17235 Neustrelitz
Tel. 03 98 1 25 31 19, www.neustrelitz.de

7 Waren

Waren ist mit 21 000 Einw. die größte Stadt an der Müritz. Der Nationalpark und die Möglichkeiten zu Wanderungen, Fahrradausflügen und Touren auf dem See machen Waren zu einem beliebten Urlaubsstandort im Müritzgebiet – weitsichtige Investitionen taten das ihrige. Der Jachthafen ist im Sommer immer belegt.

SEHENSWERT
Das **Alte Rathaus** (Urspr. 14. Jh.) und die **Georgenkirche** (Urspr. 13. Jh.) am Alten Markt, das **Neue Rathaus** im Tudorstil (1797) und die **Marienkirche** (Urspr. 13. Jh.; Blick vom Turm) am Neuen Markt sind die Hauptanziehungspunkte in der Altstadt.

MUSEUM
Attraktion Warens ist das Naturerlebniszentrum **Müritzeum** **TOPZIEL** (Zur Steinmole 1, www.mueritzeum.de; April–Okt. tgl. 10.00 bis 19.00, sonst tgl. 10.00–18.00 Uhr). Das Aquarium im Untergeschoss beherbergt nur Fische, die in Mecklenburg-Vorpommern leben. In den Obergeschossen dreht sich alles um die Moore und Wälder der Region.

RESTAURANT
Die **€ € Paulshöhe** ist ein Ausflugslokal am Tiefwarensee. Im Sommer kann man unter alten Linden draußen sitzen (Paulshöhe 1, Tel. 03 99 1 17 14 0, www.hotel-paulshoehe.de).

VERANSTALTUNGEN
Regatten und Umzüge prägen die **Müritz-Sail** im Mai. Warens Stadtfest ist das **Müritzfest** im Juli. **Müritzschwimmen** (Anf. Aug.).

INFORMATION
Tourist-Information, Neuer Markt 21
17192 Waren, Tel. 03 99 1 74 77 90
www.waren-tourismus.de

8 Malchin

In landschaftlich traumhafter Lage bietet sich Malchin (7600 Einw.) als Standquartier an.

SEHENSWERT
Vom 67 m hohen Turm der in Backsteingotik erbauten **Johanniskirche** (um 1440) genießt man einen weiten Blick übers Land. Die **Stadtmauer** mit Steintor und Kalenschen Tor (beide 15. Jh.) ist teilweise erhalten. Auch der Fangelturm (35 m) stammt aus dem 15. Jh.

HOTEL
€ € € / € € Schloss Schorssow (Am Haussee 3, 17166 Schorssow, Tel. 03 99 33 790, www.schloss-schorssow.de) liegt romantisch am See – in der Nebensaison erstaunlich preisgünstig.

UMGEBUNG
Teterow (westl.) lockt mit einer gut erhaltenen Altstadt, der Pfarrkirche (13.–15. Jh.) und zwei Stadttoren aus dem 15. Jh. Im Malchiner Tor ist das Stadtmuseum (Südliche Ringstr. 1; Di.–Do. 10.00–12.00, 13.00–17.00, Fr. nur nachm., Sa. 10.00–16.00 Uhr) untergebracht. An Pfingsten strömen Motorradfans zu den Grasbahnrennen am Bergring.
In **Reuterstadt Stavenhagen** (östl.) dreht sich alles um Fritz Reuter (1810–1874). Das Fritz-Reuter-Literaturmuseum im ehem. Rathaus bietet u. a. eine umfangreiche Handschriftensammlung (Marktplatz, www.fritz-reuter-literaturmuseum.de; Mo.–Fr. 9.00–17.00, Sa. und So. 10.00–17.00 Uhr). Im Mitte des 18. Jh. erbauten Schloss ist die Stadtverwaltung untergebracht.

INFORMATION
Stadtinformation, Am Markt 1, 17139 Malchin
Tel. 03 99 4 64 01 11, www.malchin.de

Genießen Erleben Erfahren

DuMont Aktiv

Reiten auf Ganschow

Mit rund 300 Tieren ist Gestüt Ganschow das größte seiner Art in Mecklenburg-Vorpommern. Pferdefreunde können hier Reitkurse und Ausritte buchen und die prächtigen Trakehner bei Hengstpräsentationen und Stutenparaden bewundern.

Egal ob Anfänger oder Profi – das Gestüt Ganschow südwestlich von Güstrow bietet für jeden Pferdefreund das Richtige. Während Könner durch Wälder, über sandige Wege und sogar durchs Wasser reiten, versuchen sich Anfänger unter der Anleitung erfahrener Reitlehrer an der Longe. Wer will, kann sein eigenes Pferd mitbringen und gegen eine geringe Gebühr in den Stallungen des Gestüts unterstellen.

Auch im Reitsportzentrum in Alt Sammit bei Krakow am See werden Reitkurse angeboten. In dieser Außenstelle von Gestüt Ganschow finden zudem Reitlehrgänge mit Abzeichenprüfung statt, bei denen die Teilnehmer Unterricht in Theorie und Praxis bekommen. Wenn sie die Prüfung bestehen, werden sie mit dem Deutschen Reiterabzeichen belohnt. Wer nicht selbst reiten will, aber trotzdem ein Faible für Pferde hat, notiert sich am besten die Termine für die Ganschower Stutenparaden an den ersten drei Samstagen im Juli. Traditioneller Höhepunkt der Veranstaltung ist die größte freilaufende Pferdeherde Deutschlands.

Weitere Informationen

Gestüt Ganschow
18276 Ganschow, Tel. 03 84 58 2 02 26
www.gestuet-ganschow.de

Reitsportzentrum Alt Sammit
Lindenstr. 2, 18292 Alt Sammit
Tel. 03 84 58 2 02 26

Lehrgänge
Die Reitlehrgänge, Spring- und Dressurlehrgänge finden in Reitsportzentrum Alt Sammit statt; eigene Pferde können zu den Kursen mitgebracht werden. Außerdem gibt es Fahrlehrgänge im Gestüt Ganschow.

Gestüt Ganschow widmet sich der Zucht von Mecklenburger Warmblut und Trakehnern. Noch bis zur Wende betrug der Bestand 670 Pferde – der größte von ganz Mecklenburg-Vorpommern.

Die Erben der Hanse

Rostock und Stralsund sind die beiden bedeutendsten Städte entlang der Ostseeküste Mecklenburg-Vorpommerns. Die eine ist das wirtschaftliche Zentrum des Landes, die andere die vielleicht schönste der Region und steht auf der Welterbeliste. Zwischen beiden liegt ein Streifen ehemaliger Inseln. Fischland, Darß und Zingst wetteifern mit herrlichen Sandstränden und wunderbarer Natur.

Blick über das Hafenbecken der Hafeninsel von Stralsund auf alte Speicher und die „Gorch Fock I"

Rostocks Treffpunkt und Bummelmeile Kröpeliner Straße

In der „Kogge“ in Rostocks Wokrenterstraße geht es seit rund 150 Jahren so zu, wie man es von einer Schifferkneipe erwartet.

Die Wellen schlugen hoch bei der Einweihung 1980, denn Lebensfreude schrieb sich in der DDR anders: Brunnen der Lebensfreude vor der altehrwürdigen Rostocker Universität.

Blick vom Vorort Gehlsdorf über die Warnow auf Rostocks Hafenquartier, überragt von der Marienkirche

„Es ist das Meer, das Rostock etwas von seiner Kraft und Freiheit in die Wiege spritzte, das von den Bürgern Verwegenheit verlangte und ihnen dafür Reichtum gab …"

Ricarda Huch in „Bilder aus dem alten Reich"

Es war wirklich kein Traumstart für Rostock. Nach dem ersten Wende-Freudentaumel 1989 ging es für die Stadt an der Warnow erst einmal wirtschaftlich bergab. Dabei war die Hoffnung groß gewesen bei den Menschen, die in den Monaten vor der Wende jede Woche für Demokratie und Freiheit demonstrierten. Der Abschluss der Donnerstagsdemonstrationen war immer die Marienkirche, in der der jetzige Bundespräsident Joachim Gauck als Pastor tätig war.

Fehlstart in die neue Zeit

Es schien klar, dass die größte Stadt des neuen Bundeslandes auch dessen Landeshauptstadt werden sollte. Überraschend kam es anders – schließlich ist Schwerin nicht einmal halb so groß und liegt alles andere als zentral, weit im Westen des Bundeslandes. Doch gerade die offensichtlichen Minuspunkte waren es, die als Argumente für Schwerin sprachen. Rostock traute man als Industriezentrum Mecklenburgs dagegen zu, auch ohne den Hauptstadtstatus die Umstellung auf das neue Wirtschaftssystem zu meistern. Eine Einschätzung, die sich im Nachhinein als ein wenig zu optimistisch erwiesen hat.

Dann flimmerten zwischen dem 22. und 26. August 1992 die Bilder vom Sturm auf ein Ausländerwohnheim im Rostocker Stadtteil Lichtenhagen über die Fernsehbildschirme. Angefeuert von teilweise bis zu 3000 „Nachbarn von nebenan", flogen Brandsätze und Molotowcocktails. Die Polizei, überfordert und damit beschäftigt, sich selbst zu schützen, sah den Angriffen auf das Ausländerwohnheim anfangs eher untätig zu. Nachahmertaten folgten an einigen Orten. Es bildete sich aber auch das Bündnis „Bunt statt Braun", das sich bis zum heutigen Tag gegen Fremdenfeindlichkeit einsetzt.

Immer mehr Menschen verließen ihre Stadt – nicht aus freien Stücken, sondern weil ihnen Rostock keine Zukunft mehr zu bieten schien. Die bekannten Betriebe aus DDR-Zeiten, allen voran die Werften, konnten im Kapitalismus nicht mehr bestehen. Ein Unternehmen nach dem anderen musste schließen und die, die überlebten, schickten blaue Briefe an die meisten ihrer Mitarbeiter. 50 000 Menschen wanderten in den ersten 15 Jahren nach der Wende ab. Inzwischen steigt die Einwohnerzahl, zwischenzeitlich weniger als 200 000, aber wieder an.

Die Rostocker Universität ist mit mehr als 15 000 Studenten nicht nur die größte im Land, sondern auch wichtigster Arbeitgeber der Stadt. Call-Center profitieren vom niedrigen Lohnniveau.

Gute Laune auf einem der Großsegler bei der Hanse Sail

Schiffsgenerationen treffen aufeinander, wenn sich die Kreuzfahrtschiffe bei der Hanse Sail weit warnowaufwärts bis vor Rostocks Hafenquartier wagen.

Die Rostocker Hafenkante wird während der Hanse Sail zum Rummelplatz für rund eine Million Besucher.

Wachstumsmarkt Tourismus

Auch der Tourismus wird von Jahr zu Jahr bedeutender, und inzwischen stimmt es, was der kurz vor der Wende im VEB Tourist Verlag erschienene „Reiseführer DDR“ euphemistisch beschrieb: „Das Fluidum einer Hafenstadt, die Schönheiten und kulturellen Werte einer alten Hansestadt und einer modernen Großstadt machen Rostock zu einem beliebten Anziehungspunkt im nationalen und internationalen Reiseverkehr.“

Den Aufschwung im Tourismus hat sich Rostock redlich verdient, denn die Stadt hat ihren Besuchern einiges zu bieten. Die Marienkirche im Stil der Backsteingotik beispielsweise, die Stadttore oder das Rathaus am Alten Markt. Oder man gönnt sich an einer der Imbissbuden am Stadthafen ein Fischbrötchen oder eine Portion Backfisch. In der Fußgängerzone, der Kröpeliner Straße, lässt sich so manches Schnäppchen ergattern. Oder man fährt hinaus zum Zoo und schaut sich dort die neueste Sehenswürdigkeit der Stadt an. Das Darwineum ist eine Mischung aus Museum und Erlebniszentrum zum Thema Entwicklung der Menschheit.

Mecklenburgs Tor zur Welt

Warnemünde war seit jeher mehr als nur ein Vorort von Rostock. Hier legen die Fähren in Richtung Schweden und

Bei der Hanse Sail ist in Rostock halb Norddeutschland auf den Beinen.

Baltikum ab, hierher kommt man aber auch, wenn man einen Badeurlaub an einem herrlich langen Sandstrand verbringen will. Am Warnowufer reiht sich ein Restaurant ans andere, in der Sommersaison sind die Tische voll besetzt. Die Touristen drängen durch die engen Straßen, bei Backfisch-Udo stehen sie Schlange nach fangfrischen Leckereien.

Ein Hauch von Ascot beim Ladies Day des 1822 gegründeten Doberaner Rennvereins

Ein Bild von norddeutscher Backsteingotik: Bad Doberaner Münster

Gemütlich in zweiter Reihe: die bildhübschen Kapitänshäuser in Warnemündes Alexandrinenstraße. Einige werden als Ferienhäuser vermietet.

Fast 190 Kreuzfahrtschiffe gehen jedes Jahr in Warnemünde vor Anker, dem Hafen von Rostock. Damit ist der kleine Ort der größte Kreuzfahrthafen Deutschlands. Warnemünde boomt, und seine Gäste sind zufrieden. Das war nicht immer so – Theodor Fontane sagte bei seinem Besuch 1870 über Warnemünde: „Es wäre reizend, wenn es nicht so reizlos wäre."

Bad Doberan, gut zehn Kilometer westlich von Rostock gelegen, hat mit dem Münster eines der bedeutendsten Gebäude der norddeutschen Backsteingotik in den Stadtgrenzen. Bekannt ist die Stadt auch durch „Molli", eine ehrwürdige Schmalspurdampflok, die durch die Straßen der Stadt und hinüber ins benachbarte Kühlungsborn fährt. Beliebt ist die Bahn nicht nur bei Kindern, schon mancher Familienvater hat hier die Ausbildung zum „Lokführer" gemacht.

Bernstein und Vineta

Auf dem Weg von Rostock nach Stralsund legen nur die Wenigsten einen Zwischenstopp ein. Eigentlich schade, denn Ribnitz-Damgarten, die Grenzstadt zwischen Mecklenburg und Vorpommern, ist mehr als nur Sprungbrett nach Fischland und auf den Darß. Zumindest das Deutsche Bernsteinmuseum sollte auf der Reiseagenda stehen. Ähnliches gilt für Barth, die „Durchgangsstation" auf dem Weg nach Zingst. Wer die Stadt auf der Umgehungsstraße „rechts liegen" lässt, verpasst die schöne Altstadt samt Marienkirche mit ihrem imposanten, fast 90 Meter hohen Turm. Und er verpasst ein gutes Stück Geschichte. Vor Barth soll nämlich die sagenhafte Stadt Vineta gelegen haben, einst wegen ihrer Überheblich- und Sittenlosigkeit samt Mann und Maus von einer Sturmflut verschlungen.

Nostalgie in Bad Doberan: Durch schmale Straßen schnauft die Dampflok „Molli".

Allerdings meldet man auch auf Usedom Ansprüche an, und die Polen glauben, dass sich Vineta vor der Insel Wollin befand. Wo die Stadt nun wirklich gelegen und ob sie überhaupt existiert hat – archäologische Beweise konnte bislang noch keiner vorlegen. Das hat die Phantasie von Dichtern, Schriftstellern und Komponisten entzündet. Von Johannes Brahms über Heinrich Heine bis zur DDR-Rocklegende Puhdys haben sich Hunderte Künstler der Legende angenommen.

Naturschutz in Wendezeiten

Fischland, Darß und Zingst sind längst keine Inseln mehr. Es braucht weder Fähre noch Brücke, um von Ribnitz-Damgarten nach Wustrow oder Ahrenshoop zu kommen. Doch allzu lange ist es noch nicht her, dass aus den Inseln Halbinseln wurden. Nach einer großen Sturmflut 1827 verband man Fischland und Festland durch einen Damm; zur gleichen Zeit schüttete man einen Nebenarm der Prerow zu und verband so den Darß mit Zingst.

Große Teile der einstigen Inseln stehen heute unter Naturschutz. Das ist der letzten DDR-Regierung unter Lothar de Maizière zu verdanken, die 1990 den Nationalpark Vorpommersche Boddenlandschaft ausrief und gleich-

Ahrenshoops Postkartenblick auf Strand und Dünen am Grenzweg

Die Zeit für einen Klönschnack im Garten muss einfach sein, bevor es hinunter geht, um bei den Strandkörben nach dem Rechten zu sehen.

Auf die Schnelle 'ne Fischfrikadelle: Auch zum Hafen am Prerower Strom gehört ein Pannfischschiff.

zeitig ein Fünftel der Fläche Mecklenburg-Vorpommerns unter Natur- bzw. Landschaftsschutz stellte. Damit wurden die Tiere und Pflanzen des Nordens zum Wendegewinnler. Nur in den chaotischen Wochen vor der Wiedervereinigung hatte die einzige frei gewählte DDR-Regierung die Chance, eine Entscheidung ohne Einfluss von Lobbyisten und Spekulanten zu treffen. Und die Pläne der Hotelketten und Touristikunternehmen, die sicher schon das eine oder andere Sahnegrundstück auf dem Merkzettel hatten, musste tief in den Schubladen bleiben.

Dort, wo sie vielleicht gerne Ferienburgen und Spaßbäder errichtet hätten, ziehen heute Seeadler ihre Kreise – und das weitgehend ungestört. Denn die meisten, die im Sommer nach Fischland, auf den Darß oder nach Zingst kommen, wollen nur eines: baden. Die langen Sandstrände sorgen so indirekt dafür, dass das Leben abseits der Küsten weitgehend ungestört ablaufen kann – das der Seeadler und das der Menschen.

Die nackte Freiheit

Prerow kannte jeder DDR-Bürger. Denn der Urlaub auf dem Campingplatz des Ortes war für viele ein Stück Freiheit. Einfach das Zelt in den Dünen aufschlagen und dann ab ins Wasser – und zwar so, wie Gott auch den sozialistischen Menschen schuf. Nacktbaden war in der DDR normal. Das brachte manche Komplikation an die Strände, als nach der Wende die ersten westdeutschen Touristen kamen. Inzwischen hat man die Sache auf deutsche Art geregelt. Vorschriften unterteilen den Strand in Abschnitte für Nackte, Angezogene – und Hundebesitzer.

Ungeachtet der Kleiderfrage sollte man bei seinem Prerowbesuch auf jeden Fall bei der kleinen Seemannskirche vorbeischauen. Schiffsmodelle im Inneren und vor allem die Inschriften auf den Grabsteinen zeigen, dass die Seemannskirche ihren Namen nicht von ungefähr hat.

Zwischen den Traditionsfassaden der Stralsunder Hafeninsel scheint im Jahr 2008 etwas Außerirdisches gelandet zu sein: das Ozeaneum. Sein „Bauch" enthält unter anderem ein faszinierendes, knapp drei Millionen Liter Wasser fassendes Schwarmfischbecken.

Der eindrucksvolle Abschluss eines Ozeaneum-Besuchs: Wale und andere Meeresriesen im Originalmaßstab

Makrelenschwarm im „Offenen Atlantik": Aquarium im Ozeaneum

Special

Segelschulschiff „Gorch Fock I"

Ein Schiff kommt heim

Heute liegt die „Gorch Fock I" wieder im Hafen von Stralsund. Erbaut wurde die Dreimastbark 1933 in Hamburg und auf den Künstlernamen des von den Nationalsozialisten vereinnahmten niederdeutschen Schriftstellers Johann Wilhelm Kinau getauft. Kinau war 1916 eines der nahezu 9000 Opfer der Seeschlacht im Skagerrak.

Gorch Fock I: Dreimaster mit Symbolkraft

Bis Ende des Zweiten Weltkriegs war das Kadettenschulschiff in Stralsund beheimatet. Um es nicht als Kriegsbeute in die Hände der heranrückenden Roten Armee fallen zu lassen, wurde es schließlich in der Nacht zum 1. Mai 1945 im flachen Sundgewässer vor den Toren der Stadt versenkt – letztendlich vergeblich.

Mehr als zwei Jahre lag es dort auf Grund, bevor es gehoben, restauriert und schließlich als Reparationsleistung unter dem Namen „Towarischtsch" („Genosse") im Dienst der sowjetischen und später ukrainischen Marine die Weltmeere durchkreuzte. Nach langen Irrfahrten und viel privatem Engagement Stralsunder Segelfreunde kam das Schiff 2003 endgültig zurück in seinen Heimathafen und liegt dort als Symbol für die lange Schifffahrttradition der Hansestadt vor Anker.

Von den Musen geküsst

Ahrenshoop ist vor allem durch seine Künstlerkolonie bekannt, die sich Ende des 19. Jahrhunderts hier etablierte. Die reetgedeckten Häuser mit dicken, bunt bemalten Türen und gepflegten Vorgärten sind in der Tat malerisch. Mittellose Künstler könnten sich einen Urlaub in Ahrenshoop heutzutage vermutlich nicht mehr leisten, denn der Ort gehört zu den eher teureren an der Ostseeküste. Abseits des ebenfalls herrlichen langen Strandes bewegt auch Zingst das Malerische. Hier hat man sich seit Jahren der Fotokunst verschrieben.

Werftenkrise und Welterbe

Stralsund ging nach der Wende einen ähnlichen Weg wie Rostock. Der politischen Freiheit folgte der wirtschaftliche Niedergang. Der Hauptarbeitgeber – die Volkswerft – konnte mit der billigeren Konkurrenz aus Asien nicht mithalten. Zu lange hatte man von Kostendeckungsambitionen unbelastet für den Hauptkunden, die Sowjetunion, produziert. Mehrmals wechselte die Werft den Besitzer, stets folgte ein Konkurs. Und jedesmal verloren immer mehr Arbeiter ihren Job. Seit 2014 ist das Unternehmen im Besitz der russischen Firma Nordic Yards, die in Stralsund nun schwimmende Windkraftanlagen herstellen.

Weit geht der Blick von Stralsunds Marienkirchturm – im Vordergrund der Neue Markt, dahinter die Nikolaikirche am Alten Markt mit der Schmuckfassade des Rathauses.

Zu den Kostbarkeiten der Stralsunder Marienkirche gehört die barocke Orgel des Lübecker Orgelbaumeisters Friedrich Stellwagen.

Die Stralsunder Schwedentage auf dem Alten Markt sollen an die Zeit der schwedischen Herrschaft in Pommern erinnern, zugleich aber auch Besucherportemonnaies öffnen.

Mitten in der bunten Fassadenreihe des Alten Marktes prunkt das um 1380 erbaute Wulflamhaus.

Die jungen und vor allem die gebildeten Menschen wanderten schon lange ab. Von den 75000 Menschen im Jahr 1989 lebten 2015 noch 57500 in der Hansestadt, die eine weitere DDR-Hypothek erfolgreich abgetragen hat. Noch mehr als in anderen Städten des Ostens war Stralsunds Altstadt zu DDR-Zeiten dem Verfall preisgegeben worden. Zum Besuch des damaligen schwedischen Ministerpräsidenten Olof Palme 1984 wurde die Innenstadt einer schnellen Pinselsanierung unterzogen, die Herrn Potemkin erfreut hätte. Dabei blieb es. Die Menschen zogen hinaus in die Plattenbauvorstädte Knieper und Tribseer Vorstadt. Die historische Altstadt blieb so aber mit ihren Meisterwerken aus der Zeit der Backsteingotik vor „städtebaulichen Eingriffen“ verschont, verfiel zwar allmählich, zum Abriss fehlte aber das Geld. Und so konnten nach 1991 die Renovierungen beginnen.

Allen Krisen zum Trotz hat sich viel getan. Mit dem Deutschen Meeresmuseum und dem Ozeaneum ist man in Stralsund zu Recht stolz auf zwei Ausstellungsorte, die sich auf internationalem Niveau mit dem Thema Wasser auseinandersetzen. Und die Altstadt mit Pretiosen wie dem Rathaus, dem Wulflamhaus und den drei Stadtkirchen St. Nikolai, St. Jakobi und St. Marien gehört städtebaulich zum schönsten, was der deutsche Norden zu bieten hat. Die Unesco hat Stralsund zusammen mit Wismar zu Welterbestätten erhoben.

Tor nach Rügen

Wer heute nach Stralsund kommt, steht nicht mehr ständig im Stau. Die neue Strelasundquerung entlastet den alten Rügendamm und lenkt den Verkehr schneller auf Deutschlands größte Insel. Die Rügennähe ist für Stralsund Segen und Fluch zugleich. Zwar kommen die Besucher zu Tausenden zu Tagesausflügen in die Stadt. Ihren Urlaub aber verbringen sie in den Strandbädern auf Rügen. Und dort geben sie dann auch ihr Geld aus.

Die besten Strände

Wellenspaß am Ostseestrand

Strände gibt es entlang der Ostseeküste in Mecklenburg-Vorpommern mehr als genug. Nicht umsonst ist das Bundesland im Nordosten die beliebteste Feriendestination Deutschlands. Wo aber liegen nun die besten Strände? Unser Ranking verrät es.

1 Die Nr. 1 auf Hiddensee

Im Westen der Insel erstreckt sich ein kilometerlanger Sandstrand, der nicht nur zum Baden, sondern auch zum Spazierengehen ideal ist. Bei viel Wind sind die Chancen, Bernstein zu finden, besonders gut. Tipp: Benutzen Sie die Strandabschnitte abseits der Gemeinden, dann haben Sie Hiddensee auch in der Hochsaison fast für sich allein.

2 Darßer Weststrand

Die Halbinselkette Fischland-Darß-Zingst bietet Strände für jeden Geschmack. Herausragend ist der 13 Kilometer lange Weststrand auf dem Darß. Er wurde sogar schon vom Fernsehsender arte zu einem der 20 schönsten Strände weltweit gekürt. Zu Recht: Denn hier ist man so weit vom Tourismus entfernt, wie dies in der vielbesuchten Urlaubsregion nur möglich ist. Kein Strandkorb weit und breit, dafür liegen vom Sturm entwurzelte Bäume malerisch im Sand. Aber nur wer aktiv ist, dem ist das kleine Paradies vergönnt. Denn den Weststrand, der direkt an den Darßwald grenzt, kann man nur zu Fuß oder mit dem Fahrrad erreichen.

18375 Born a. Darß
Karte unter www.fischland-darss-zingst.de
Suchbegriff „Weststrand"

3 Ahlbeck auf Usedom

Warum nicht dort baden, wo einst der Kaiser in der Sommerfrische war? Feiner Sand, Strandkörbe, ein Spielplatz und das flache Wasser machen den Strand von Ahlbeck zum Familienliebling. Die alte Seebrücke, auf der man sich im Restaurant stärken kann, bleibt dabei im Blick. Und ein Filmstar ist die alte Brücke auch: In Loriots Film „Pappa ante portas" ist sie deutlich zu sehen.

Tourismus Information
Dünenstr. 45
17419 Seebad Ahlbeck
Tel. 03 83 78 49 93 50
www.usedom.de

4 Binz auf Rügen

Strandkorb im Sand und der Prosecco im Restaurant dahinter … Strandurlaub in Binz ist nicht nur Badeurlaub, sondern Lebensgefühl. Da hier das Promenieren, das Sehen und Gesehenwerden ebenso wichtig ist wie das Baden im Meer, hat man bereits kurz nach der Wende eine Seebrücke erbaut, die Strandpromenade rekonstruiert und auf 3,2 Kilometer verlängert.

Kurverwaltung
Heinrich-Heine-Str. 7
18609 Ostseebad Binz
Tel. 03 83 93 14 81 48
www.ostseebad-binz.de

5 Suhrendorf auf Ummanz

Zwischen Rügen und Hiddensee schiebt sich die kleine Insel Ummanz, auf der nur wenige Dörfchen liegen. Eine Brücke verbindet dieses besondere Fleckchen Erde mit Rügen. Zugegeben: Wer schwimmen will und breite Sandstrände sucht, wird den Strand von Suhrendorf an der Westseite von Ummanz nicht in ein Ranking aufnehmen. Wer aber surfen lernen will oder Familie hat sowie für all diejenigen, die abseits des Trubels Ruhe suchen, ist Suhrendorf „the beach to be". Wer bleiben will, der kann gleich am Campingplatz übernachten. Als Bonus bietet Ummanz den vielleicht schönsten Sonnenuntergang von Rügen, wenn die Sonne hinter Hiddensee feurig im Meer versinkt.

Ummanz-Info
Neue Str. 63 a
Tel. 03 83 05 5 34 81
18569 Waase/Ummanz
www.ruegeninsel-ummanz.de

6 Graal-Müritz

Der fünf Kilometer lange und bis zu 40 Meter breite, feine Sandstrand von Graal-Müritz zählt zu den schönsten der Ostsee. Einladend ist aber auch das Umland mit dem Waldgebiet der Rostocker Heide und dem Ribnitzer Großen Moor. Tipp: FKK-Freunde treffen sich zwischen Mittelweg und Müritz-Ost.

Tourismus- und Kur GmbH
Rostocker Str. 3
18181 Ostseeheilbad Graal-Müritz
Tel. 03 82 06 70 30
www.graal-mueritz.de

7 Groß Schwansee im Klützer Winkel

Zu DDR-Zeiten waren die Strände des Klützer Winkels für die DDR-Bürger tabu – zu nah am Westen, die Freiheit war in Sicht- und Schwimmdistanz. Irgendwie hat man aber auch nach der Wende diese Ecke Deutschlands vergessen. Im Vergleich zu den anderen Ostseebädern geht es hier sehr geruhsam zu. Einsame Strände gibt es hier noch einige zu entdecken – besonders schön ist der hinter dem Schlossgut Groß Schwansee. Eine lange Lindenallee führt vom Schloss zum Meer. Tipp: Der ehemalige Kolonnenweg hinter den Dünen, wo früher die NVA Patrouille fuhr, dient heute als Radweg am Wasser entlang.

Stadtinformation Klütz
Im Thurow 14
23948 Klütz
Tel. 03 88 25 22 29
www.kluetz-mv.de

Maßstab 1:500.000
0
10km
Skelby
Gedesby
Gedser
Birkemose
Nationalpark Vorpommersche Boddenlandschaft
Darßer Ort
Prerow
Darß
Zingst
Müggenburg
Kloster
Vitte
Insel Hiddensee
Hiddensee
Neuendorf
Schaprode
Wittower Fähre
Ummanz
Haide
Waase
Wusse
Gingst
Lieschow
Kubitzer Bodden
Barhöft
Klausdorf
Bisdorf
Pramort
Groß Moordorf
Grabow
Nisdorf
Prohn
Kramerhof
Preetz
Rambin
Samtens
Altefähr
Kransdorf
Gustow
Drigge
Stralsund
Brandshagen
Ahrenshoop
Wieck a.D.
Born a.D.
Pruchten
Bresewitz
Barth
Kenz-Küstrow
Fuhlendorf
Michaelsdorf
Wustrow
Fischland
Saaler Bodden
Neuendorf
Saal
Hermannshof
Spoldershagen
Lüdershagen
Divitz-
Karnin
Bartelshagen
Groß Kordshagen
Kummerow
Niepars
Dierhagen Ost
Dierhagen
Langendamm
Bartelshagen II
Löbnitz
Martensdorf
Pantelitz
Lüssow
Zarrendorf
Steinhagen
Wendorf
Damgarten
Ribnitz-
Graal-Müritz
Pilzmuseum
Klockenhagen
Freilichtmuseum
Rostocker Heide
Behrenshagen
Daskow
Ahrenshagen
Trinwillershagen
Schlemmin
Tribohm
Semlow
Ravenhorst
Altenhagen
Schuenhagen
Velgast
Obermützkow
Jakobsdorf
Weitenhagen
Millienhagen
Oebelitz
Richtenberg
Zisterzienser-Kloster
Franzburg
Abtshagen
Buchholz
Elmenhorst
Behnkendorf
Miltzow
Wittenhagen
Wilmshagen
Stoltenhagen
Kirchdorf
Gerdeswalde
Papenhagen
Splietsdorf
Bartmannshagen
Grimmen
Neuendorf
Süderholz
Markgrafenheide
Hinrichshagen
Gelbensande
Petersdorf
Kuhlrade
Bartelshagen I
Allerstorf
WARNEMÜNDE
Elmenhorst-Lichtenhagen
Nienhagen
Heiligendamm
Bad Doberan
Börgerende-Rethwisch
Admannshagen-Bargeshagen
SCHMARL
ROS-Überseehafen
Krummendorf
Bentwisch
Rövershagen
Mönchhagen
Poppendorf
Kussewitz
Blankenhagen
Gresenhorst
Mandelshagen
Brünkendorf
Carlsruhe
Marlow
Wohsen
Eixen
Hugoldsdorf
Drechow
Pöglitz
Gremersdorf
Siemersdorf
Tribsees
Kavelsdorf
Schulenberg
Recknitz
Steinfeld
Thulendorf
Wendorf
Reppelin
Dettmannsdorf
Bad Sülze
Dudendorf
Langsdorf
ROSTOCK
Reddelich
Hohenfelde
Kröpelin
Bartenshagen-Parkentin
Kritzmow
Stäbelow
Schmadebeck
Retschow
Reinshagen
Hanstorf
Papendorf
Broderstorf
Sanitz
Stubbendorf
Gnewitz
Stormstorf
Böhlendorf
Bad Sülze
Tribsees
Lindholz
Gransebieth
Deyelsdorf
Grammendorf
Glewitz
Bretwisch
Dönnie
Kleyenow
Poggendorf
Kandelin
Rakow
Düvier
Wendisch Baggendorf
Groß Lüsewitz
Niekrenz
Zarnewanz
Thelkow
Kowalz
Tessin
Grammow
Breesen
Tangrim
Behren-Lübchin
Bassendorf
Nehringen
Medrow
Vorbein
Sassen-Trantow
Görmin
Loitz
Altenhagen
Heiligenhagen
Bölkow
Rostock West
Pölchow
Damm
Bandelstorf
Dummerstorf
Gubkow
Göldenitz
Prangendorf
Selpin
Lühburg
Wasdow
Satow
Karin
Bad Doberan
Ziesendorf
Kavelstorf
Prisannewitz
Cammin
Goritz
Groß Nieköhr
Gnoien
Nossendorf
Brudersdorf
Seedorf
Wotenick
Radegast
Kröpelin
Jürgenshagen
Hohen Luckow
Benitz
Alt Kätwin
Groß Ridsenow
Kobrow
Walkendorf
Finkenthal
Stubbendorf
Beestland
Trebel
Rustow
Wüstenfelde
Kletzin
Pensin
Demmin
Fuchsberg
Klein Belitz
Brobberow
Bandow
Schwaan
Wiendorf
Strießdorf
Laage
Polchow
Dalwitz
Boddin
Wardow
Poggelow
Alt Pannekow
Gnemmern
Penzin
Vorbeck
Selow
Rukieten
Hohen Sprenz
Kronskamp
Herrenhaus
Prebberede
Dargun
Zarnekow
Warrenzin
Kruckow
Tutow
Klein Sien
Bernitt
Moisall
Schlemmin
Rugberg
Bützow
Kurzen Trechow
Katelbogen
Steinhagen
Qualitz
Rühn
Baumgarten
Kassow
Mistorf
Oettelin
Groß Schwiesow
Zepelin
Lüssow
Laage
Weitendorf
Liessow
Rossewitz
Recknitz
Recknitzniederung
Kuhs
Sarmstorf
Glasewitz
Plaaz
Neu Heinde
Groß Wüstenfelde
Jördenstorf
Remlin
Altkalen
Diekhof
Matgendorf
Pölitz
Warnkenhagen
Schmooksberg
Thürkow
Sukow-Marienhof
Rey
Lelkendorf
Wagun
Peene
Upost
Schönfeld
Verchen
Kummerower See
Metschow
Lindenfelde
Deutsche Alleenstraße
Sanzkow
Siedenbrünzow
Utzedel
Tollense
Teusin
Schmarsow
Borrentin
Beggerow
Hohenmocker
Sarow
Meesiger
Hohenbrünzow
Gevezow
Hohenbollentin
Gnevkow
Golchen
Güstrow
Gülzow-Prüzen
Zernin
Dreetz
Tarnow
Warnow
Rosenow
Groß Gömow
Lübzin
Boitin
Bülow
Boldebuck
Schloss Güstrow
Barlachhaus
Gustrow
Vietgest
Teterow
Groß Roge
Wattmannshagen
Schlieffenberg
Dalkendorf
Alt Sührkow
Retzow
Karnitz
Neukalen
Sommersdorf
Gorschen-dorf
Kummerow
Grammentin
Neu Kentzlin
Lindenberg
Altenhagen
Gültz
Burow
Mecklenburgische Schweiz
Niendorf
Remplin
Malchin
Wüstgrabow
Kriesow
Tützpatz
Pripsleben
Lalendorf
Mamerow
Hoppenrade
Gr. Wokern
Hohen Demzin
Bristow
Gutow
Bölkow
Gerdshagen
Zehna
Bellin
Stadtkirche
Pastin
Witzin
Bansow
Burg Schlitz
Bülow
Malchiner See
Basedow
Gielow
Duckow
Gülzow
Rathaus
Reuterstadt Stavenhagen
Ivenack
Tausendjährige Eiche
Grischow
Wolde
Reinberg
Altentreptow
Kobrow
Borkow
Woserin
Lohmen
Charlottenthal
Reimershagen
Kuchelmiß
Krakow am See
Langhagen
Barz
Ziddorf
Rothenmoor
Demzin
Jürgenstorf
Zettemin
Ritzerow
Kastorf
Wildberg
Groß Teetzleben
Stieten
Dabel
Suckwitz
Kirch Kogel
Krakow am See
Krakower See
Groß Bäbelin
Vollrathsruhe
Dahmen
Moltzow
Schwinkendorf
Faulenrost
Ostpeene
Kittendorf
Rosenow
Knorrendorf
Breesen
Woggersin
Hohen Pritz
Dobbertin
Bossow
Klocksin
Prestin
Groß Niendorf
Below
Techentin
Goldberg
Goldberger See
Spertg
Linstow
Dobbin
Hohen Wangelin
Marxhagen
Hinrichshagen
Lansen
Bredenfelde
Briggow
Lupow
Gädebehn
Schwandt
Pinnow
Mölln
Neubrandenburg
Mestlin
Langenhagen
Sandhof
Drewitzer See
Alt Gaarz
Neu Gaarz
Alt Falkenhagen
Alt Schönau
Varchentin
Lehsten
Groß Helle
Blankenhof
Weitin
Zölkow
Sehlsdorf
Wendisch Waren
Neu Poserin
Torgelow am See
Groß Gievitz
Kraase
Groß Flotow
Klein Lukow
Lapitz
Mallin
Wulkenzin
Herzberg
Diestelow
Nossentiner Hütte
Silz
Jabel
Vielist
Schwenzin
Schloen
Groß Plasten
Marihn
Puchow
Grebbin
Granzin
Werder
Passow
Gallin
Karow
Plauerhagen
Kuppentin
Alt Schwerin
Agrarhistor. Museum
Fleesensee
Göhren-Lebbin
Kölpinsee
Malchow
Waren (Müritz)
Kargow
Dratow
Möllenhagen
Mollenstorf
Penzlin
Krukow
Tollensesee
Alt Rehse
Stralendorf
Zieslübbe
Lübz
Brook
Barkhagen
Plau am See
Adamshoffnung
Penkow
Roez
Klink
Federow
Ankershagen
Klockow
Groß Vielen
Lutheran
Barkow
Kritzow
Gischow
Parchim
Rom
Zislow
Plauer See
Silbersee
Grüssow
Walow
Deutsche Alleenstraße
Sietow
Gotthun
Müritz
Schwarzenhof
Speck
Klein Vielen
Kratzeburg
Blumenholz
Hohenzieritz
Usadel
Blankensee
Groß Nemerow
Granzin
Neuhof

Unterwegs an Backstein und Bodden

Das wirtschaftlich bedeutende Rostock und Welterbe-prämierte Stralsund sind die wichtigsten Städte an der mecklenburg-vorpommerischen Ostseeküste. Zwischen beiden erstreckt sich die Bodden-geprägte Urlaubslandschaft Fischland-Darß-Zingst, einst separate Inseln, die zu einer Halbinselkette zusammengewachsen sind.

1 Bad Doberan

Ein 1186 gegründetes Zisterzienserkloster war der Ursprung des Badeortes (11 500 Einw.), im 18. Jh. Sommerresidenz der mecklenburgischen Herzöge aus Schwerin. Zur Stadt gehört auch das Ostsee-Seebad Heiligendamm.

SEHENSWERT

Das **Münster** gehört zu den herausragenden Bauwerken norddeutscher Backsteingotik (1295 bis 1368). Im Innenraum ist der Großteil der urspr. Einrichtung erhalten, darunter der Flügelaltar (1310), ältester seiner Art in Deutschland (www.muenster-doberan.de; Mai bis Sept. tgl. 9.00–18.00 Uhr, sonst kürzer). Um 1800 entstand die englische **Parkanlage Kamp**, in der das klassizistische herzogliche Palais, zwei chinesische Pavillons und ein Salongebäude stehen.

„Weiße Stadt am Meer" nennt sich **Heiligendamm** wegen seiner weiß gestrichenen Häuser am Strand. 1793 gegründet, entwickelte es sich bald zum Treff des Adels und Großbürgertums.

MUSEUM

Heiligendamm und Bäderwesen sind Schwerpunkte im **Stadt- und Bädermuseums** (Beethovenstr. 8, www.stadtmuseum.moeckelhaus.de; Mitte Mai–Mitte Sept. Di.–Fr. 10.00–12.00 und 13.00–17.00, Sa., So. 12.00–17.00, sonst Di.–Fr. 10.00–12.00, 13.00–16.00, Sa. 12.00 bis 16.00 Uhr).

INFORMATION

Tourist-Information
Severinstr. 6, 18209 Bad Doberan
Tel. 03 82 10 6 21 54
www.bad-doberan.de

2 Rostock

Rostock (200 000 Einw.) ist die größte Stadt Mecklenburg-Vorpommerns, Handels- und Wirtschaftsmetropole der Region. Die Hansestadt gehörte im 14./15. Jh. zu den bedeutenden Handelsorten im Ostseeraum. Zu DDR-Zeiten war Rostock ein „Tor zur Welt".

SEHENSWERT

Am Neuen Markt nimmt die Fußgängerzone Kröpeliner Straße ihren Anfang. Am Markt erhebt sich das **Rathaus** aus dem 13. Jh. (im 18. Jh. barockisiert). Östlich dahinter zeigt das **Kerkhoffhaus** (1470) eine beeindruckende Backsteinfassade. Gegenüber dominiert die wuchtige backsteingotische **Marienkirche** das Bild (1230–1452) mit einem ungewöhnlich kurzen Langhaus und relativ großen Querhäusern. Im Innern beeindrucken das knapp 3 m hohe bronzene Taufbecken (13. Jh.), der Rochusaltar von 1530 und die Kanzel von 1574. Der Rostocker Marienteppich (16. Jh.) ist die größte erhaltene Textilarbeit Mecklenburgs. Die Astronomische Uhr wurde 1472 in Nürnberg konstruiert (um 12.00 Uhr Apostelumgang auf dem Ziffernblatt).

Das Hauptgebäude der 1419 gegründeten **Universität** (1867) ist nur von außen zu besichtigten, auf dem Vorplatz lohnt ein Blick auf den Brunnen der Lebensfreude (1980).

Den besten Blick über die Stadt genießt man von der 44 m hohen Aussichtsplattform der **Petrikirche** (14. Jh.). Ihr Turm aus dem 16. Jh. ist mit 117 m Landmarke und höchstes Gebäude der Stadt (www.petrikirche-rostock.de; Aufstieg Mai–Sept. tgl. 10.00–18.00, sonst tgl. 10.00–16.00 Uhr). Die **Nikolaikirche** (Urspr. 13. Jh.), ältestes Gotteshaus der Stadt, ist Ausstellungsort und bietet Raum für Konzerte (www.nikolaikirche-rostock.de).

MUSEEN

Das **Kulturhistorische Museum** (Klosterhof 7, www. kulturhistorisches-museum-rostock.de; Di.–So. 10.00–18.00 Uhr) präsentiert im Kloster zum Heiligen Kreuz (1270 gegr.) Stadtgeschichte und u. a. Werke aus den Künstlerkolonien Ahrenshoop und Schwaan. Das Kröpeliner Tor (Urspr. 13. Jh.) beherbergt das **Stadtgeschichtliche Museum** (Kröpeliner Straße; tgl. 10.00–17.00 Uhr). In der etwas außerhalb gelegenen **Kunsthalle** (Hamburger Str. 20, www. kunsthallerostock.de; Di.–So. 11.00–18.00 Uhr) wird deutsche Kunst des 20. Jh. ausgestellt. Das **Schiffsbau- und Seefahrtsmuseum** befindet sich an Bord des Frachters „Frieden", der in Schmarl am IGA Park festgemacht hat (www.schifffahrtsmuseum-rostock.de; Juli–Aug. tgl. 10.00–18.00, sonst Di.–So. 10.00–16.00/18.00 Uhr).

Im Rostocker Darwineum

Stolz ist man im **Rostocker Zoo** vor allem auf seine Eisbärenzucht (Barnstorfer Ring 1, www. zoo-rostock.de; April–Okt. tgl. 9.00–18.00, sonst tgl. 9.00–16.00/17.00 Uhr). Eine zusätzliche Attraktion ist das **Darwineum,** das auf 20 000 m² die Entstehung der Menschheit präsentiert – eine Zeitreise durch die Entwicklung des Lebens vom Einzeller über Quallen, Schnecken, Dinosaurier, Säugetiere bis zum Menschen. Eine zweite Ausstellung zeichnet die Kulturelle Evolution des Menschen nach. Die unumstrittenen Publikumslieblinge sind aber die Gorillas und Orang-Utans in ihrem Freigelände (www.darwineum-zoo-rostock.de).

RESTAURANT

Schon die Auffahrt mit dem gläsernen Fahrstuhl ist ein Erlebnis. Im **€ € € SILO4** trifft man sich auch zum Brunch (1. So. im Monat) – immer mit Blick über den Stadthafen (Am Strande 3d, Tel. 03 81 458 58 00).

VERANSTALTUNG

Herausragendes Ereignis ist die **Hanse Sail** **TOPZIEL** (Aug.) mit Großseglern und hunderten kleiner Schiffe.

UMGEBUNG
Das Seebad **Warnemünde** ist Naherholungsziel der Rostocker und beliebter Ferienort für Touristen. Entsprechend voll ist es an Sommerwochenenden. Entlang dem Alten Strom reihen sich die Restaurants. Die Wahrzeichen Warnemündes liegen Seite an Seite an der Flussmündung: der Leuchtturm (1898; www.warnemuende-leuchtturm.de; Ostern–Sept. tgl. 10.00 bis 18.30 Uhr) und der „Teepott" (1968) mit geschwungenem Dach, ein Café.

INFORMATION
Tourismuszentrale
Neuer Markt 3 und Universitätsplatz 6
18055 Rostock, Tel. 03 81 381 22 22
www.rostock.de

Touristik-Information
Am Strom 59 (Ecke Kirchenstraße)
18119 Rostock-Warnemünde
Tel. 03 8 381 22 22
www.warnemünde.de

Tipp

Bismarcks Hering

Er kommt aus Stralsund. Erfunden wurde der Bismarckhering 1850 von der Gaststättenbesitzersgattin Caroline Wiechmann, kreativer Geist des Hauses. Größter Renner war ihr speziell marinierter fangfrischer Hering. Einen Lotteriegewinn investierten die Wiechmanns in eine Fischfabrik und verpackten „ihren" Hering in Dosen.
Allein, es fehlte ein zündender Name. Als patriotische Geister schickten sie ein paar Konserven an Reichskanzler Bismarck und ließen anfragen, ob sie ihre Spezialität nach ihm benennen dürften. Bismarck, ein leidenschaftlicher Fischesser, schätzte den Stralsunder Hering und gab seine Zustimmung. Das Originalrezept verwendet nur noch Fischer Rasmus in Stralsund.

FISCHER RASMUS
Heilgeiststr. 10, 18439 Stralsund,
Tel. 03 83 1 28 15 35,
www.bismarckhering.com

Lachmöwe (links); Zeesenboote (oben) waren einst die typischen Boddenschiffe.

❸ Ribnitz-Damgarten

Die Stadt (15 100 Einw.) liegt an der Grenze zwischen Mecklenburg und Vorpommern – Ribnitz gehört zu Mecklenburg, Damgarten zu Vorpommern.

SEHENSWERT
Am Marktplatz steht die **Stadtkirche St. Marien** aus dem 13. Jh. (Umbauten 1759). Die **Klosterkirche** des früheren Klarissinnenklosters zeigt u.a. „Ribnitzer Madonnen", Holzbildwerke aus den einstmals zahlreichen Altären.

MUSEUM
Europas größte Bernsteinausstellung zeigt das **Deutsche Bernsteinmuseum** (Im Kloster 1–2, www.deutsches-bernsteinmuseum.de; April bis Okt. tgl. 9.30–18.00, sonst Di.–So. 9.30 bis 17.00 Uhr). In der **Schaumanufaktur von Ostsee-Schmuck** kann man bei der Bernsteinverarbeitung zusehen (An der Mühle 30, www.ostseeschmuck.de; Mo.–Fr. 9.30–18.00, Sa. 9.30–16.00 Uhr).

INFORMATION
Stadtinformation, Am Alten Markt 14
18311 Ribnitz-Damgarten, Tel. 03 82 1 22 01
www.ribnitz-damgarten.de

❹ Fischland, Darß, Zingst

Die drei einstigen Inseln bilden mittlerweile ein großes Ostseebad, mittig unterbrochen von der geschützten Darßer Landspitze.

SEHENSWERT
Ahrenshoop ist durch seine Ende des 19. Jh. von Paul Müller-Kaempff (1861–1941) gegründete Künstlerkolonie bekannt. Reetgedeckte Häuser mit bunten Türen prägen das „alte" Ortsbild. **Wustrow** mit seiner Dorfkirche von 1873 (Aussicht vom Turm) ist der älteste Ort auf Fischland und trotzdem vom Tourismus am wenigsten entdeckt. **Prerow** eignet sich gut für einen Badeurlaub. Hauptattraktion ist der 80 m breite Nordstrand. Am Ortsausgang Richtung Zingst liegt die Seemannskirche von 1728. Im Hafen legen Ausflugsschiffe zu Boddenrundfahrten ab. **Zingst,** Hauptort der gleichnamigen Halbinsel, lockt mit seinem Sandstrand. Einst waren Zingster als Seefahrer bekannt; 1880 lebten mehr als 80 Kapitäne hier. Sehenswert ist die Dorfkirche, 1862 nach Plänen Friedrich August Stülers erbaut.

MUSEEN
Das mehrfach ausgezeichnete **Kunstmuseum Ahrenshoop** zieht Freunde der Kunst des späten 19. und 20. Jh.s. an (Apr.–Okt. tgl. 11.00 bis 18.00, Nov.–März Di.–So. 10.00–17.00 Uhr, www.kunstmuseum-ahrenshoop.de). Regelmäßige Sonderausstellungen. Das **Darß-Museum** informiert über Natur der Halbinsel (Prerow, Mai–Okt. Di.–So. 10.00 bis 18.00, sonst Fr.–So. 13.00–17.00 Uhr). In einem Kapitänshaus liegt das **Zingster Heimatmuseum** (Juli–Sept. Mo.–Sa. 10.00–17.00, April–Juni auch So. 14.00–17.00, April Mo.–Sa. nur bis 16.00 Uhr).

ERLEBEN
Zwischen Ahrenshoop und Wustrow liegt das **Hohe Ufer,** ein steiles Kliff mit weitem Blick auf die Ostsee (Achtung Abbruchgefahr). Zu Fuß, mit dem Fahrrad oder der Pferdekutsche erreicht man die 6 km nördl. Prerow gelegene Landspitze **Darßer Ort** mit 35 m hohem Leuchtturm (1848). Zu Fuß oder per Rad geht es von Zingst nach **Pramort** am östl. Ende der Halbinsel (dort gibt es Plattformen zur Vogelbeobachtung). Im Herbst kann man hier Kraniche beobachten. Um die Tiere nicht zu stören, ist der Zugang reglementiert.

INFORMATION
Kurverwaltung Ahrenshoop, Kirchnersgang 2
18437 Ostseebad Ahrenshoop
Tel. 03 82 20 66 66 10
www.ostseebad-ahrenshoop.de
www.ostseebad-prerow.de
www.zingst.de

❺ Stralsund

Die Stadt (57 000 Einw.) am Strelasund ist seit 2002 als Welterbestätte gelistet. Der Grundstein dafür wurde von dem Gründungsmitglied der Hanse (1293) im 13. Jh. gelegt. Mit dem Bau des Rügendamms 1936 kam der Fremdenverkehr.

SEHENSWERT

Der **Alte Markt** ist das Herzstück der **Altstadt** TOPZIEL. Um ihn und in den umliegenden Straßen gruppieren sich ansehnliche Bürgerhäuser. Das Commandantenhus (1751) war zur Zeit Schwedisch-Pommerns (1648–1815) Sitz der schwedischen Kommandantur. Das Wulflamhaus (um 1350) an der Nordwestseite gehört zu den besterhaltenen mittelalterlichen Bürgerhäusern, das wiederholt erweiterte **Rathaus** (Urspr. um 1370) zu den Meisterwerken norddeutscher Backsteingotik. Am Rande der Fußgängerzone in der Ossenreyerstraße erhebt sich die **Nikolaikirche** (13. u.14. Jh.), besterhaltene und zugleich älteste der drei Stralsunder Stadtkirchen. Aus den Kunstwerken ragen die 1280 entstandene Figurengruppe der Anna Selbdritt, die Astronomische Uhr und der Hochaltar heraus. Die **Jakobikirche** (Urspr. 15. Jh.) wurde im Zweiten Weltkrieg stark zerstört; nach Abschluss der Renovierungsarbeiten in den letzten Jahren dient sie Konzerten und Theateraufführungen. Am Neuen Markt ragt die **Marienkirche** (14. und 15. Jh) auf, eine der größten Kirchen Norddeutschlands. Der achteckige Turm ist 104 m hoch; von seiner Aussichtsplattform geht der Blick weit über Stralsund und die Insel Rügen.

MUSEEN

36 Aquarien, Deutschlands größtes Meeresschildkrötenbecken und ein 15 m langes Finnwalskelett, effektvoll im Chor einer ehem. Kirche präsentiert, sind nur einige der Attraktionen, die im **Meeresmuseum** auf die Besucher warten (Katharinenberg 14–20, www.meeresmuseum.de; Juni–Okt. tgl. 10.00–17.00, sonst Di.–So. 10.00–17.00 Uhr). Besuchermagnet ist das **Ozeaneum** TOPZIEL. Höhepunkte sind Tunnelaquarium, Walausstellung und Gezeitenbecken (Hafenstr. 11, www.ozeaneum.de; Juni–Sept. tgl. 9.30–20.00, sonst tgl. 9.30 bis 13.00 Uhr). Das **Kulturhistorische Museum** ist auf vier Standorte verteilt. Am interessantesten ist die Abteilung zur Stadtgeschichte (Mönchstr. 25; Di.–So. 10.00–17.00 Uhr) im alten Katharinenkloster (13.–15. Jh.).

ERLEBEN

Schon seit 1827 wird in Stralsund Bier gebraut. Das ganze Jahr über kann man an Führungen mit Verkostung durch die **Störtebeker Brauerei** teilnehmen (www.stoertebeker.com).

RESTAURANTS

Die **€ € Brasserie** (Neuer Markt 2, Tel. 03 83 1 70 35 14, www.brasseriegrandcafe-hst.de) bringt das Flair von Paris an den Sund. Im Braugasthaus **€ € Zum Alten Fritz** (Greifswalder Chaussee 84, Tel. 03 83 1 25 55 00, www.alter-fritz.de) ist die Küche gut-bürgerlich.

VERANSTALTUNGEN

Wallensteintage, Sundschwimmen (Juli)

INFORMATION

Tourismuszentrale, Alter Markt 9
18439 Stralsund, Tel. 03 83 1 24 69 0
www.stralsundtourismus.de

Genießen Erleben Erfahren

DuMont Aktiv

Unter Beobachtung

Auf dem Weg in ihre Überwinterungsgebiete in Südeuropa und Nordafrika machen jedes Jahr von Mitte September bis Mitte Oktober 70 000 Kraniche an den Küsten vor Rügen und dem Darß Rast. Dann kommen auch Tausende von Vogelfreunden. Erster Anlaufpunkt der Vogelfreunde sollte das Kranich-Informationszentrum in Groß Mohrdorf, etwa 15 km nordw. von Stralsund, sein. Hier informiert man sich aktuell über die Standplätze der Tiere, über Beobachtungshütten und versorgt sich mit Informationsmaterial.

Die Inseln Bock und Kirr im Osten bzw. südlich von Zingst sind die bevorzugten Rastplätze der Kraniche. Am besten kann man die Kraniche, die abends und bis in die Nacht laut trötend an ihren Schlafplätzen landen, an den Beobachtungsstellen in Bisdorf und bei Pramort im Osten der Halbinsel Zingst beobachten. Tagsüber halten sich die Kraniche meist auf abgeernteten Getreide- und Maisfeldern auf. Häufig sieht man die Tiere dann auf den Feldern entlang der Bundesstraße 105 zwischen Ribnitz-Damgarten und Stralsund. Tipp: Mit dem Auto kann man sich den Tieren besser nähern als zu Fuß. Da sie den Menschen seit alters als Feind betrachten, löst eine menschliche Silhouette bei Kranichen schnell Fluchtinstinkte aus.

Auch im Müritz-Nationalpark kann man Kraniche beobachten. Hier rasten die Vögel auf ihrem Weg in den Süden – allerdings sind es hier wesentlich weniger, so um die 7000 Tiere.

Führungen und Informationen

Kranichzentrum Groß Mohrdorf
s. S. 37
Tourismusverband Fischland-Darß-Zingst
Barther Str. 16, 18314 Löbnitz
Tel. 03 83 24 64 00
www.fischland-darss-zingst.de

Nationalparkamt Müritz
Schlossplatz 3, 17237 Hohenzieritz
Tel. 03 98 24 25 20
www.mueritz-nationalpark.de
Kranichführungen organisiert der Nationalpark-Service in Fedorow
Tel. 03 99 1 66 88 49

Der Graukranich (lat. Grus grus) ist deutlich größer als jeder Storch oder Graureiher. Im Stehen misst er 1,20 Meter, seine Flügelspannweite beträgt bis zu 2,20 Meter.

ACHTUNG!
Boden
verboten!
BD01

Adel, Künstler und das Volk

Die Inseln, das sind die Favoriten in Mecklenburg-Vorpommern – aus Sicht der meisten Urlauber jedenfalls. Jeder schwärmt von ihnen, von langen Sandstränden, den gemütlichen Strandkörben, bunten Fischkuttern und den reetgedeckten Fischerhäusern.

Ahlbecker Seebrücke: Über alle Jahrzehnte wurde der Stil des ersten Baus aus den 1880er-Jahren beibehalten.

Seit gut 100 Jahren ist das Kurhaus Binz Wahrzeichen des Ostseebads, das 1994 nach alten Vorbildern wieder eine Seebrücke erhielt.

„Nach Rügen reisen, heißt nach Sassnitz reisen", schreibt Theodor Fontane in „Effi Briest". Schöne alte Häuser erinnern in Sassnitz' Altstadt an den Glanz der Bäderzeiten.

Der Circus von Putbus entstand in der ersten Hälfte des 19. Jahrhunderts. Größtes Gebäude des Rondells ist das ehemalige Königliche Pädagogium Putbus.

Ganz im Norden Rügens, auf der Halbinsel Wittow, steht das Gotteshaus von Altenkirchen, wohl im 13. Jahrhundert errichtet und eines der ältesten der Insel.

Die Luft ist klar und salzig. Es riecht nach Urlaub und Entspannung. Im Sommer sind die Hotels auf den Ostseeinseln meist ausgebucht, in den Privatzimmern bekommt man kein Bett mehr – vorausgesetzt, sie sind in Küstennähe. Denn auch auf den Inseln gilt: je näher zum Meer, desto gefragter. Im Sommer sind die Staus auf den Zufahrtstrecken oft länger als die Sandstrände.

Herrschaftliche Inselecke

Rügen ist die größte deutsche Insel. Da war es nur passend, dass Fürst Malte von Putbus Anfang des 19. Jahrhunderts versuchte, einen Hauch großer weiter Welt auf die Insel zu bringen. Der Circus von Putbus sollte den schöngeistigen Fürsten an sein Lieblingsland Italien erinnern. Der runde Platz, von 16 weißen klassizistischen Häusern umschlossen, könnte auch in einer toskanischen Stadt stehen. Das kleine Theater, für die Aufführungen des fürstlichen Hofes errichtet, ist heute Schauplatz der Putbuser Festspiele.

> Putbus, das mit seinen weißen Häusern wie eine Theaterdekoration … leuchtet.
>
> Reise-Novellen von Heinrich Laube, 1847

Eine dazu wunderbar passende, weil so herrlich gestrig wirkende Möglichkeit von Putbus in das berühmteste Ostseebad der Insel, nach Binz, zu kommen, ist der „Rasende Roland“. Wobei der kleine Dampfzug seinem Namen nicht gerecht wird – „gerast“ wird auf der Schmalspurbahnstrecke nun wirklich nicht.

Beste Aussichten

Die beste Aussicht über Rügen hat man kurz nach der Weiterfahrt Richtung Göhren vom Turm des Jagdschlosses Granitz. Auf dem Weg nach oben zur 38 Meter hoch gelegenen Aussichtsplattform sollten Schwindelfreie ab und zu

Abseits der großen Verkehrsströme:
Allee am Selliner See

Blick von Vitt hinüber zum Kap Arkona im äußersten Norden der Insel. Hier stand eine bedeutende Festung der Slawen, die Jaromarsburg.

Rügens berühmte Kreidefelsen: Stubbenkammer nennt sich die Umgebung des markanten, 118 Meter hohen Königsstuhls, der zum Nationalpark Jasmund gehört.

Sie sind mittlerweile auch Insel-Wahrzeichen, die beiden Leuchttürme von Kap Arkona.

Special

Seebad Prora

Stein gewordener Größenwahn

Die Nationalsozialisten hatten Großes geplant. Mit dem Seebad Prora sollte ein riesiger Kraft-durch-Freude-Urlaubsort entstehen, in dem gleichzeitig 20 000 Menschen Ferien machen könnten.

Fünf Kilometer war er lang, der Gebäuderiegel, den die Nazis in den Sand von Rügen setzen ließen. Von 1936 bis 1939 bauten bis zu 9000 Arbeiter an acht identischen Häuserblocks, die später einmal den Volksgenossen im Dritten Reich als Urlaubsdomizil dienen sollten. Zu Beginn des Zweiten Weltkriegs stellte man die Arbeiten ein – Feiern und Ferien an der Ostsee war für die Menschen lange Zeit kein Thema mehr.

Heute erscheint Prora wie ein zu Stein gewordenes Symbol für den nationalsozialistischen Größenwahn. Damals aber fand der Megabau durchaus auch international Beachtung: Bei der Weltausstellung in Paris wurde der Gesamtentwurf 1937 mit einem Grand Prix ausgezeichnet. Nach dem Krieg sprengte die Rote Armee einen der Häuserblocks, zwei andere wurden für Sprengübungen genutzt und als Ruinen hinterlassen.

Zeltlager vor der Jugendherberge

Der „Koloss von Rügen“ steht heute unter Denkmalschutz: Block 5 beherbergt eine Jugendherberge, Block 1 und 2 sollen zu Ferienwohnungen werden, die restlichen Teile des Monumentalbauwerks sehen einer ungewissen Zukunft entgegen.

ihren Blick nach unten wenden, hinunter zu der freitragenden gusseisernen Wendeltreppe, die sich wie eine Schlange die Wand entlang zum Turm hinauf windet.

Kreide am Kap Arkona

Die Kreidefelsen sind das Symbol von Rügen. Weltbekannt wurden sie durch das romantische Gemälde von Caspar David Friedrich. Dabei würde es die schroffen Zacken um ein Haar gar nicht mehr geben. In früheren Zeiten sah man die Kreidefelsen viel nüchterner als heute – es gab Pläne, sie zur Gipsherstellung abzubauen. Doch Schönheit allein bringt nicht in die Schlagzeilen. In überregionale Meldungen schafften es die Kreidefelsen nur nach großen Unwettern, wenn wieder Stücke der Küste abgebrochen waren. Oder wenn – wie im Winter 2011 – gar ein kleines Mädchen vom Kalkschlamm verschüttet wurde und ums Leben kam.

Der Leuchtturm am Kap Arkona, ein weiteres Wahrzeichen der Insel, hat einen berühmten Urheber. Er wurde 1827 nach Plänen von Karl Friedrich Schinkel erbaut. Wenn man besonders glückliche Paare aus dem Turm herauskommen sieht, kann das zwei Gründe haben: Entweder haben sie zusammen gerade den weiten Blick von der Aussichtsplattform genossen oder sie ha-

Weit reicht der Blick vom höchsten Punkt Hiddensees am Dornbusch – hier nach Süden und hinweg über die Häuser Klosters.

Die Blaue Scheune in Vitte war Jahrzehnte ein Künstlerdomizil (ganz links), ebenso wie das Gerhart-Hauptmann-Haus in Kloster (links).

Hiddensee von einer verführerischen Seite: Räucherfisch in Neuendorf

Weist seit 1888 den Schiffen den Weg um die unberechenbaren Boddengewässer Rügens: Hiddensee-Leuchtturm Dornbusch

„Der erste Eindruck, den man … empfing, war der von Weltabgeschiedenheit und Verlassenheit. Das gab ihm den grandiosen … Ernst unberührter Natur …"

Gerhart Hauptmann über Hiddensee, 1885

ben geheiratet. Das ist im alten „Schinkelturm" am Kap Arkona nämlich auch möglich.

Autofreie Insel Hiddensee

Eines gibt es auf Hiddensee im Überfluss, Ruhe. Vor allem spätnachmittags, wenn die letzten Fähren nach Schaprode gegenüber auf Rügen oder Stralsund abgelegt haben. Dann sind die Tagesgäste verschwunden, und Einheimische und Langzeiturlauber haben die Insel wieder für sich.

Hiddensee ist autofrei. Auf der 19 Kilometer langen und nur wenige 100 Meter breiten Insel ist man zu Fuß, mit dem Fahrrad oder dem Pferdegespann unterwegs. Gepäck wird mit dem Handwagen befördert. Das beste Fortbewegungsmittel für die flache Insel ist aber das Rad, und so hat jeder Ort gleich ein paar Fahrradverleihstationen. Nur, wenn man zum 72 Meter hohen Bakenberg, dem höchsten Punkt der Insel, hinaufradelt, kommt man ordentlich ins Schwitzen. Den Leuchtturm Dornbusch, der auf seiner Spitze steht, kennt man aus dem Fernsehen, wo er meist an Sturmtagen einem mit einem puscheligen Mikrofon bewaffneten Wettermann als malerische Kulisse dient. Die Mühen der „Bergfahrt" lohnen aber auf jeden Fall. An einem klaren Tag sieht man bis hinüber nach Stralsund und sogar zur dänischen Insel Møn.

Vielen Besuchern wird es so gehen wie Gerhart Hauptmann. Als er 1885 erstmals nach Hiddensee kam, gefiel es ihm so gut, dass er immer wieder kommen wollte. Grund genug ein Haus zu kaufen, das heute zu den Attraktionen des Eilands gehört. Immer wiederkommen können und sollen auch heutige Touristen. Häuser und Grundstücke stehen aber nicht mehr zum Verkauf – die werden, wenn überhaupt, nur an Einheimische vergeben.

Der König von Hiddensee

In seinen Werken stand Gerhart Hauptmann immer auf der Seite des kleinen Mannes, auf Hiddensee war er allerdings gar nicht volksnah. Die Meisten bekamen ihn während seiner allsommerlichen Inselbesuche nicht zu Gesicht. Wegen seiner Unnahbarkeit nannten sie den Literaturnobelpreisträger von 1912 deswegen den König von Hiddensee.

Hauptmann war nicht der einzige Künstler, den es auf die Insel zog. Offenbar hat das kleine Eiland etwas Inspirierendes an sich, denn auch Ernst Barlach, Carl Zuckmayer, Käthe Kollwitz, Gustav Gründgens und sogar Billy Wilder waren für längere Zeit Gast. Regelmäßig kam auch die Gründerin

Sommer auf Usedom: Die Tauchgondel von Zinnowitz (oben links) verspricht spannende Unterwassererlebnisse. Geschützt flaniert man auf der Seebrücke von Heringsdorf (oben rechts). Bewachte Strände (unten) versprechen sicheres Baden. Für den Sonnenschutz muss man aber selber sorgen.

Ein Hauch alter Fischerzeiten am Strand von Ahlbeck. Das Seebad liegt unweit der Grenze zu Polen, die sich durch Usedom zieht.

Deutschlands längste Seebrücke liegt auf Usedom: 508 Meter Länge misst die 1995 erbaute Seebrücke von Heringsdorf, die als überdachte Flaniermeile und Schiffsanleger dient. Der pyramidenartige Bau am Ende der Brücke beherbergt ein Restaurant.

der Dresdner Tanzschule Gret Palucca. Die 1993 verstorbene Künstlerin liegt auf dem Inselfriedhof begraben. Ihr zu Ehren veranstalten ihre Schüler seither jeden Sommer eine Tanzwoche auf Hiddensee.

Usedom: Die Badewanne Berlins

Seit Mitte des 19. Jahrhunderts wird auf Usedom gebadet. Damals entdeckten reiche Bürger und vor allem auch der Adel die Ostseeinsel für sich. Sogar Deutschlands letzter Kaiser verbrachte seine Sommerfrische regelmäßig hier. Usedom erhielt den Beinamen Riviera Pommerns, und Heringsdorf avancierte zum Nizza des Nordens.

Während in den Anfangsjahren die wenigen Besucher in – oft eigenen – Luxusvillen wohnten und stilecht mit dem Schiff oder der Kutsche anreisten, kamen später die Gäste mit dem Zug. Nach der Eröffnung der Bahnstrecke Berlin–Swinemünde 1876 mischten sich erste Touristen aus dem langsam wachsenden Mittelstand unter die Badegäste. Und als die Preußische Eisenbahn später sogar Feriensonderzüge einsetzte, hielt der „Massentourismus“ Einzug – das war 1891, und der Weg bis zum Spitznamen „Badewanne Berlins“ war nicht mehr weit. Die Hauptstädter der 1920er-Jahre, aber nicht nur die, wussten zu schätzen, dass man hier nicht

Fischer- und Angelboote liegen in den kleinen Häfen des Usedomer Achterwassers: Krummin beispielsweise (oben links) und Kamminke (rechts oben und unten). Geduckt und mit Reet gedeckt sind die Bauern- und Fischerhäuser – hier in Kamminke (unten links).

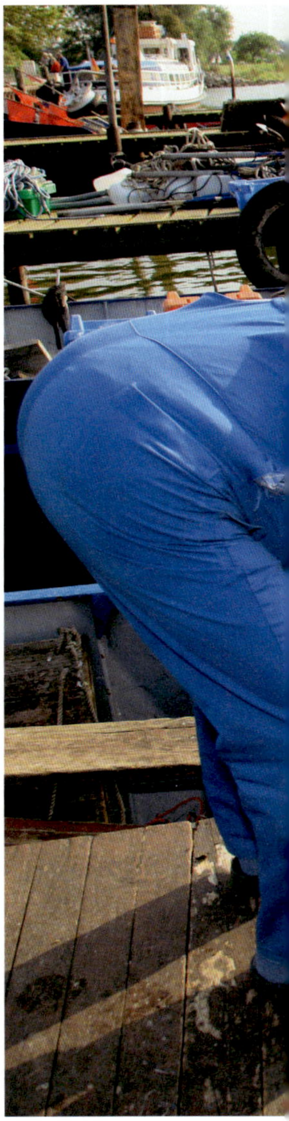

verstohlen und hinter Badekarren verborgen ins Wasser gleiten musste, sondern sich ungezwungen ins kalte Nass stürzen konnte, ein absolutes Novum in jenen Tagen. Dazu kommt noch das Wetter auf der Insel. Zusammen mit Rügen rühmt sich Usedom der meisten Sonnenstunden in Deutschland. Statistik hin oder her, gefühlt stimmt das allemal.

Die gute alte Zeit

Nachdem bald nach der Wende die alten Villen auf Vordermann gebracht wurden, stimmt auch das Ambiente wieder. Zwar sind hier lange schon nicht mehr nur die Schönen und Reichen unter sich, doch zumindest in den Kaiserbädern Ahlbeck, Heringsdorf und Bansin verströmen die repräsentativen Häuser im Stil der Bäderarchitektur noch etwas vom Flair der „guten alten Zeit".

Zusammen mit Rügen rühmt sich Usedom der meisten Sonnenstunden in Deutschland.

Dazu gehört heutzutage wie auch damals einiger Trubel – vielleicht nicht jedermanns Sache. Doch auch in den großen Touristenorten kehrt außerhalb der Sommersaison Ruhe und Beschaulichkeit ein. Dann hat man auch hier das Gefühl, das Leben würde einen Gang zurückschalten, und mancher Kellner, der im Sommer gehetzt und grußlos den Kaffee auf den Tisch stellte, hat plötzlich Zeit für einen Plausch.

NATURSCHUTZ IN MECKLENBURG-VORPOMMERN

Trumpfkarte Natur

Jahr für Jahr rasten immer mehr Kraniche auf ihrem Zug in den Süden an den Küsten vor Rügen und dem Darß. Sie sind aber nur ein Beispiel dafür, dass sich zunehmend mehr wilde Tiere in Mecklenburg-Vorpommern heimisch fühlen.

Wenn der Volksmund Recht hat, dann hat man im Herbst in Mecklenburg-Vorpommern nichts Böses zu befürchten. Dann nämlich rasten mehr als 70 000 Kraniche in der Region um Rügen, Zingst, Fischland und Darß. Und die Vögel gelten als Boten des Glücks. Mitte September kommen die ersten Tiere aus Nordeuropa, und die letzten fliegen Mitte November weiter in die Winterquartiere in Spanien und Nordafrika. Futter finden sie auf den abgeernteten Feldern genügend. Oft aber machen sie sich auch über Neuaussaaten her. Das hat früher zu viel Ärger geführt. Den Bauern waren die anmutigen Bewegungen der eleganten Vögel schnell egal, wenn sie dafür mit leer gefressenen Feldern bezahlen mussten. Wegen des „großen Schadens“, den Kraniche anrichteten, ließ sie König Friedrich Wilhelm I. von Preußen im 18. Jahrhundert sogar systematisch bejagen. Damit es gar nicht erst zum Streit mit den Landwirten kommt, führt man heute in großem Maße „Ablenkungsfütterungen“ durch. Um die Vögel von den frisch bestellten Feldern wegzulocken, streut man großflächig Maiskörner aus.

Günter Nowald vom Kranich-Informationszentrum in Groß Mohrdorf zählt die Region zu den bedeutendsten Kranichrastplätzen Europas. Doch auch die Zahl der Vögel, die in Vorpommern brüten, hat in den letzten Jahren deutlich zugenommen.

Seeadler und Fischotter

Mit dieser Erfolgsgeschichte stehen die Kraniche nicht alleine da. Auch Störche fühlen sich zunehmend wohl in Deutschlands Norden. Und Seeadler kann man öfter dabei beobachten, wie sie über den Boddengewässern ihre Runden drehen. Den seltenen und scheuen Schreiadler bekommt man zwar kaum zu Gesicht, doch auch er hat hier sein Rückzugsgebiet gefunden.

Häufig sieht man dagegen Biber. In Vorpommern nahezu ausgestorben, besiedeln sie inzwischen wieder die meisten Flussläufe. Das gilt auch für Fischotter. Deutschlandweit immer noch bedroht, ist er in Vorpommern weit verbreitet, an Boddengewässern ebenso wie entlang der Flussläufe. Da die Tiere sehr hohe Anforderungen an ihre Umwelt stellen, gelten sie als Indikatoren für eine intakte Wassernatur.

Schutzgebiete für die Natur

Die Natur ist der größte Schatz Mecklenburg-Vorpommerns. Diesen gilt es zu bewahren. Dazu haben die Nachwende-Regierungen das bereits von der letzten DDR-Regierung eingeleitete Schutzprogramm konsequent weitergeführt. Heute zählt man in Mecklenburg-Vorpommern drei

Mönchgut im Südosten Rügens: Führung mit dem Ranger durch die Zickerschen Berge (oben). Zugvögel über dem Barther Bodden (S. 92)

Hinterm Weststrand liegt der Darßer Urwald. Beide gehören zum Nationalpark Vorpommersche Boddenlandschaft.

Abschussprämien sind Vergangenheit. Heute überwiegt der Stolz über erfolgreiche Wiederansiedlung seltener Wildtiere.

Die Wichtigkeit von Totholz im System Natur (rechts) oder wie die Kreide entsteht (ganz rechts) – das Nationalparkzentrum Jasmund versucht alle Fragen zu beantworten.

Nationalparks, drei Biosphärenreservate, acht Naturparks, knapp 300 Naturschutzgebiete und über 140 Landschaftsschutzgebiete – insgesamt sind mehr als sechs Prozent der Landesfläche besonders geschützt.

Der Müritz-Nationalpark schützt die Tier-und Pflanzenwelt rund um Deutschlands größten See. Der Nationalpark Jasmund auf Rügen ist vor allem durch seine Kreidefelsen bekannt – allen voran der Königsstuhl, das Wahrzeichen der Insel. Seit jüngstem gehört ein Teil des Buchenwalds des Parks zum Unesco-Weltnaturerbe. International herausragend ist auch der Nationalpark Vorpommersche Boddenlandschaft, mit dem weltweit einmalige Kaltwasserlagunen geschützt werden – und damit auch die Kinderstube der wichtigsten Ostseefische.

Angebot auch für Touristen

Positiver Nebeneffekt: Die intakte Natur lockt nicht nur Vögel, sondern auch Touristen an. Wandern, Fahrradfahren und Tiere beobachten kann man fast das ganze Jahr über. Weil die Herbstwanderung der Kraniche praktischerweise dann beginnt, wenn die Sommersaison zu Ende geht, bedeutet der Zug der Glücksvögel und das damit verbundene „Auftauchen" Tausender Vogelfreunde für die Region eine willkommene Saisonverlängerung. Und scheint es wohl auch in Zukunft so zu bleiben, denn in den letzten 25 Jahren hat sich die Zahl der an der vorpommerschen Ostseeküste rastenden Tiere nämlich verdoppelt.

Nationalpark-Informationen

Nationalpark Vorpommersche Boddenlandschaft
Nationalparkamt
Im Forst 5, 18375 Born
Tel. 038234 50 20
www.nationalpark-vorpommersche-boddenlandschaft.de

Nationalpark Jasmund
Nationalparkamt Jasmund
Stubbenkammer 2a, 18546 Sassnitz
Tel. 038392 350 11 22
www.nationalpark-jasmund.de

Müritz-Nationalpark
Nationalparkamt Müritz
Schlossplatz 3, 17237 Hohenzieritz
Tel. 039824 25 20
www.mueritz-nationalpark.de

Vor 69.000.000 Jahren

Maßstab 1:500.000
0
10km
Kap Arkona
Putgarten
Vitt
Gramtitz
Deutsche Alleenstraße
Altenkirchen
Dranske
Wiek
Breege
Drewoldke
Juliusruh
Tromper Wiek
Nationalpark Jasmund
Lohme
Königsstuhl
Stubbenkammer
Kloster
Vitte
Insel Hiddensee
Hiddensee
Neuendorf
Wittower Fähre
Vieregge
Neuenkirchen
Glowe
Baldereck
Jasmund
Sagard
Polchow
Gr. Jasmunder Bodden
Sassnitz
Nationalpark Vorpommersche Boddenlandschaft
Schaprode
Trent
Rappin
Ummanz
Haide
Waase
Wusse
Gingst
Kluis
Patzig
Ralswiek
Lietzow
Neu Mukran
Rügen
Prorer Wiek
Schmale Heide
Prora
Thesenvitz
Bergen auf Rügen
Stedar
Buschvitz
Lieschow
Neuendorf
Unrow
Dreschvitz
Bärhöft
Klausdorf
Kubitzer Bodden
Lubkow
Karow
Zirkow
Binz
Jagdschloss Granitz
Sellin
Baabe
Sehlen
Prohn
Kramerhof
Breesen
Rambin
Samtens
Karnitz
Kasnevitz
Putbus
Lauterbach
Lancken-Granitz
Göhren
Preetz
Altefähr
Kransdorf
Groß Stubben
Schlosspark
Neu Reddevitz
Middelhagen
Mönchgut
Niepars
Gustow
Garz/Rügen
Vilm
Gager
Biosphärenreservat Südost-Rügen
Thiessow
Pantelitz
Drigge
Poseritz
Stralsund
Lüssow
Glutzow
Groß Schoritz
Zudar
Zicker
Brandshagen
Zarrendorf
Steinhagen
Wendorf
Stahlbrode
Reinberg
Zudar
Grabow
Greifswalder Oie
Elmenhorst
Behnkendorf
Ruden
Greifswalder Bodden
Miltzow
Wittenhagen
Wilmshagen
Abtshagen
Buchholz
Koos
Insel Koos
Kirchdorf
Karrendorf
Stoltenhagen
Papenhagen
Spliestsdorf
Gerdeswalde
Mesekenhagen
Groß Petershagen
Bartmannshagen
Neuenkirchen
Spandowerhagen
Peenemünde
Pommersche Bucht
Lubmin
Kröslin
Wusterhusen
St. Marien
Grimmen
Grimmen-West
Grimmen-Ost
Neuendorf
Wackerow
Greifswald
Eldena
Karlshagen
Trassenheide
Mölschow
Zinnowitz
Südery holz
Levenhagen
Brünzow
Rubenow
Groß Ernsthof
Ziesebruch
Wendisch Baggendorf
Dönnie
Klevenow
Griebenow
Hinrichshagen
Kemnitz
Lodmannshagen
Zempin
Koserow
Usedom
Poggendorf
Rakow
Kandelin
Dersekow
Weitenhagen
Neu Boltenhagen
Hanshagen
Katzow
Wolgast
Sauzin
Krummin
Neuendorf
Loddin
Ückeritz
Glewitz
Bretwisch
Düvier
Klein Zastrow
Dargelin
Diedrichshagen
Groß Kiesow
Wrangelsburg
Lühmannsdorf
Hohendorf
Buddenhagen
Ziemitz
Lütow
Naturpark Usedom
Mendorf
Sassen-Trantow
Medrow
Vorbein
Loitz
Görmin
Behrenhoff
Dambeck
Züssow
Karlsburg
Wehrland
Warthe
Lieper Winkel
Grüssow
Pudagla
Bansin
Heringsdorf
Seedorf
Wotenick
Rustow
Wüstenfelde
Alt-Plestlin
Bentzin
Gützkow
Bandelin
Kölzin
Klein Bünzow
Pamitz
Zemitz
Lassan
Pulow
Rankwitz
Neppermin
Benz
Ahlbeck
Świnoujście (Swinemünde)
Korswandt
Pensin
Kletzin
Schmatzin
Lüssow
Rubkow
Morgenitz
Mellenthin
Warrenzin
Demmin
Kruckow
Tutow
Jarmen
Kartlow
Groß Polzin
Murchin
Buggenhagen
Pinow
Klotzow
Zirchow
Dargen
Kamminke
Upost
Sanzkow
Siedenbrünzow
Schmarsow
Plötz
Priemen
Peene
Liepen
Neetzow
Steinmocker
Stolpe
Ziethen
Anklam
Usedom
Wisentgehege
Stolpe auf Usedom
Karsibor
Schönfeld
Lindenfelde
Utzedel
Tollense
Alt Tellin
Teusin
Görke
Pustow
Butzow
O.-Lilienthal-Gedenkstätte
Gellenthin
Anklamer Torturm
Welzin
Wilhelmshof
Kamp
Metschow
Deutsche Alleenstraße
Borrentin
Beggerow
Hohenmocker
Daberkow
Krusenfelde
Medow
Krien
Nerdin
Blesewitz
Bargischow
Stettiner Haff
Sarow
Hohenbrünzow
Golchen
Anklam
Iven
Pelsin
Rosenhagen
Bugewitz
Gnevezow
Hohenbollentin
Gnevkow
Burow
Breest
Neuendorf B
Spantekow
Neuenkirchen
Neu Kosenow
Leopoldshagen
Uckermünder Heide
Lindenberg
Kölln
Japenzin
Drewelow
Ducherow
Mönkebude
Neu Kentzlin
Altenhagen
Gültz
Siedenbollentin
Sarnow
Rossin
Rathebur
Grambin
Ueckermünde
Naturpark Am Stettiner Haff
Altwarp
Nowe Warpno
Kriesow
Tützpatz
Pripsleben
Werder
Schwanbeck
Boldekow
Schwerinsburg
Lübs
Zarow
Tierpark
Liepgarten
Bellin
Vogelsang-Warsin
Ivenack
Röckwitz
Tausendjährige Eiche
Grischow
Altentreptow
Beseritz
Zinzow
Putzar
Löwitz
Wietstock
Neuendorf A
Hoppenwalde
Luckow
Warnołęk
Reuterstadt Stavenhagen
Wolde
Reinberg
Der Werder
Salow
Schwichtenberg
Altwigshagen
Meiersberg
Torgelow-Holländerei
Eggesin
Rieth
Brzózki
Ritzerow
Kastorf
Wildberg
Groß Teetzleben
Brunn
Neubrandenburg-Nord
Friedland
Sandhagen
Ferdinandshof
Ahlbeck
Myślibórz Wielki
Rosenow
Knorrendorf
Neddemin
Roggenhagen
Kotelow
Fleethof
Galenbecker See
Mariawerth
Heinrichsruh
Torgelow
Sperrgebiet
Gegensee
Hintersee
Briggow
Gädebehn
Breesen
Woggersin
Neverin
Staven
Lübbersdorf
Wittenborn
Wilhelmsburg
Heinrichswalde
Rothemühl
Hammer an der Uecker
Jägerbrück
Dobieszczyn
Luplow
Schwandt
Pinnow
Zirzow
Genzkow
Sadelkow
Jatzke
Brohm
Brohmer Berge
Gehren
Glashütte
Möllin
Groß Helle
Blankenhof
Neubrandenburg
Glienke
Neubrandenburg-Ost
Schönbeck
Neuensund
Klein Luckow
Jatznick
Liepe
Marienthal
Borken
Grünhof
Groß Flotow
Weitin
Voigtsdorf
Rolling
Stolec
Wolin
Swina
Wapnica
Lunowo
Grimmen
Stralsund
Greifswald
Gützkow
Jarmen
Anklam
Altentreptow

Seit jeher Sommerfrischen

Urlaub an Ostdeutschlands Ostseeküste, das bedeutet für die Meisten: die Inseln, Rügen und Usedom, aber auch Hiddensee. Mit den beiden Nationalparks Vorpommersche Boddenlandschaft und Jasmund liegen zwei von insgesamt 14 deutschen Nationalparks hier.

1 Hiddensee

Die autofreie Insel ist das ideale Reiseziel für ruhesuchende Gäste. Die größten Orte der Insel sind Neuendorf im Süden, Vitte in der Mitte und Kloster im Norden. Im Volksmund wird Hiddensee wegen seiner Schönheit als „das söte Länneken" bezeichnet, dem „das süße Ländchen" mehr als gerecht wird.

Tipp

Versteinerte Sommer

Bernstein ist eines der beliebtesten Mitbringsel aus einem Ostseeurlaub. Doch was ist Bernstein? Trotz des Namens kein Stein. Vielmehr ist er vor vielen Millionen Jahren aus dem Harz von Bäumen entstanden. Die Harzstücke versanken irgendwann im Wasser, wurden dort von Sand und Schlamm zugeschüttet und entwickelten sich innerhalb von Millionen von Jahren unter Luftabschluss und Druck zu dem Bernstein, den wir kennen. Bernstein ist unvorstellbar alt – die ältesten Bernsteine sind vor über 300 Millionen Jahre entstanden. Die, die man an der Ostsee findet, sind aber bedeutend jünger – nämlich „nur" etwa 55 Millionen Jahre. Besonders wertvoll ist Bernstein, wenn Insekten oder Teile von Pflanzen in ihm eingeschlossen sind. Der Fachmann spricht dann von Inklusen.

SEHENSWERT
In **Kloster** liegt die meistbesuchte Sehenswürdigkeit der Insel. Haus Seedorn, ehemaliges Sommerdomizil von Gerhart Hauptmann, ist heute **Hauptmann-Museum**. Seit 2013 widmet sich der neu erbaute Literaturpavillon, der zugleich auch den Eingang ins Hauptmann-Museum bildet, der Literaturlandschaft Hiddensee (www.hauptmannhaus.de; Mai–Okt. Mo.–Sa. 10.00–17.00, So. 13.00–17.00 Uhr, sonst kürzer). Im kleinen **Heimatmuseum** (April–Okt. tgl. 10.00–16.00, sonst Do.–Sa. 11.00–15.00 Uhr) ist vor allem die Kopie des Hiddenseer Goldschmucks sehenswert, einer bemerkenswerten Wikingerarbeit aus dem 10. Jh., die im 19. Jh. bei einer Sturmflut in Neuendorf an Land gespült worden ist (das Original befindet sich im Kulturhistorischen Museum in Stralsund).
Nördl. von Kloster liegt der **Dornbusch,** eine reizvolle Hügellandschaft mit dem Bakenberg (72 m) als höchster Erhebung. Der Leuchtturm auf dessen Spitze wurde 1888 erbaut.
In **Vitte** ist die **Blaue Scheune** ein beliebtes Fotomotiv, eine alte Rauchkate, in der der Dresdner Maler Günter Fink (1913–2000) bis zu seinem Tod wohnte. Das **Karusel** ist eine von Max Taut vor 1925 entworfene Villa mit eigenwilliger Form, in der der dänische Stummfilmstar Asta Nielsen regelmäßig die Sommer verbrachte.
Neuendorf kann zwar keine großen Sehenswürdigkeiten aufweisen, bezaubert aber durch sein von Reetdachhäusern geprägtes Ortsbild.

INFORMATION
Insel-Information
Achtern Diek 18, 18565 Vitte
Tel. 03 83 00 60 86 84
www.seebad-hiddensee.de

2 Sassnitz

Die mit 9400 Einw. nach Bergen zweitgrößte Stadt Rügens war in der zweiten Hälfte des 19. Jh. ein bekanntes Seebad. Später siedelten

Leuchtturm auf dem Dornbusch, Hiddensee

sich hier ein Kreidewerk und Fisch verarbeitende Industrie an – die Sommergäste wanderten in die Bäder an der Ostküste der Insel ab. Die Betriebe sind längst wieder geschlossen, und man versucht, an die alte Tourismustradition anzuknüpfen.

SEHENSWERT
In der **Altstadt** **TOPZIEL** sind vor allem die Villen im Stil der gründerzeitlichen Bäderarchitektur beachtenswert.

MUSEUM
Das **Fischerei- und Hafenmuseum** (Stadthafen, www.hafenmuseum.de; April–Okt. Di. bis So. 10.30–17.30, sonst tgl. 10.00–17.30 Uhr) ist ein Anziehungspunkt für maritim Interessierte.

UMGEBUNG
Der etwa 30 km² Nationalpark Jasmund (www.nationalpark-jasmund.de, s. S. 94) mit Rügens Wahrzeichen, den **Kreidefelsen** **TOPZIEL** Königsstuhl und Wissower Klinken, liegt nur wenige Kilometer nördl. der Stadt.
Der 35 m hohe „neue" Leuchtturm am **Kap Arkona** nahm 1902 seinen Betrieb auf und ersetzte den älteren Turm (19 m, 1828), einst nach Plänen des berühmten Berliner Architek-

ten Karl Friedrich Schinkel erbaut. Beide Türme sind für Besucher zugänglich.

HOTEL
Im direkt am Nationalpark Jasmund gelegenen **€ € € Precise Resort** wohnt man luxuriös im Gutsherrenhaus, im angrenzenden Hotel oder in einem Ferienappartement (Am Taubenberg 1, 18551 Sagard, Tel. 03 83 02 95, www.precisehotelruegen.de).

VERANSTALTUNGEN
An den legendären Piraten der Hansezeit erinnern die **Störtebeker-Festspiele** in Ralswieck (Ende Juni–Anf. Sept.; 15 km südw.). Eine jahrhundertelange Tradition hat das **Tonnenabschlagen** (auch auf Fischland), bei dem von Pferden auf ein Heringsfass eingeschlagen wird; im Rahmen eines Volksfestes wird dieses Brauchtum Ende Aug. auf Rügens kleiner Mit-Insel Ummanz begangen.

INFORMATION
Tourist-Service
Strandpromenade 12, 18546 Sassnitz
Tel. 03 83 92 64 90
www.insassnitz.de

3 Binz

Das größte und bekannteste Ostseebad (5100 Einw.) der Insel Rügen ließ mit dem aufkommenden Bädertourismus der Gründerzeit seine bäuerliche und Fischervergangenheit hinter sich. Die Wiedervereinigung brachte einen erneuten Entwicklungsschub. Der schmalspurige „Rasende Roland" verbindet Binz mit Putbus.

SEHENSWERT
Seebrücke, Kurhaus, Bädervillen TOPZIEL und der lange **Sandstrand** sind die Trumpfkarten des Badeortes. Die Auswahl an Restaurants, Kneipen und Läden ist groß, auch Gästen, die länger in der Stadt bleiben, wird es sicher nicht langweilig.

UMGEBUNG
Wenige Kilometer nördl. liegt **Prora,** die Ruinen eines monumentalen Seebads; der 4,5 km lange „Hotelkomplex" wurde zwischen 1936 und 1939 errichtet (s. Special S. 85).
Reizvoll liegt **Sellin** an der Steilküste. 1998 eröffnete man dort die mit 394 m längste Seebrücke Rügens; mit der Tauchgondel am Ende der Brücke kann man einen Ausflug unter die Meeresoberfläche machen.
Göhren ist das dritte große Seebad an der Ostküste Rügens. Die umgebende Landschaft ist bildschön: die Halbinsel **Mönchgut** liegt im Biosphärenreservat Südost-Rügen. Göhren ist auch Endstation des „Rasenden Roland", einer Schmalspurbahn mit Start in Bergen (www.ruegensche-baederbahn.de).

VERANSTALTUNGEN
Sandfigurenfestival (April–Okt.). Das **Blue Wave Festival** ist der deutschen Blues-Szene gewidmet (Aug.).

Rettungsturm Binz (oben); Zinnowitz zelebriert die Vineta-Festspiele (oben rechts); Kunstwerk aus Sand in Binz (rechts).

INFORMATION
Kurverwaltung
Heinrich-Heine-Str. 7, 18609 Ostseebad Binz
Tel. 03 83 93 14 81 48
www.ostseebad-binz.de

4 Putbus

Mit Europas letztem planmäßig realisierten Residenzstädtchen hat sich Fürst Wilhelm Malte zu Putbus (1783–1854) ab 1808 ein Denkmal geschaffen. Die Bauwerke sollten den Italienbewunderer an sein Lieblingsland erinnern.

SEHENSWERT
Zentraler Punkt ist der **Circus,** ein runder Platz, von 16 klassizistischen Häusern umgeben. Im **Schlosspark** liegen die Orangerie und der Marstall. In einem großen Freigehege kann man eine Hirschherde beobachten. In dem kleinen, 1821 erbauten Theater finden jedes Jahr annähernd 200 Aufführungen statt.

VERANSTALTUNG
Das **Vilmschwimmen** (Aug., www.vilmschwimmen.de) führt alljährlich 2500 m von der Insel Vilm nach Lauterbach.

INFORMATION
Putbus-Information
Alleestr. 35, 18581 Putbus
Tel. 03 83 01 431, www.putbus.de

5 Zinnowitz

Erstmals erwähnt wurde Zinnowitz 1309 – damals allerdings unter seinem slawischen Namen Tzys, den man in etwa mit „Schilfrohr" übersetzen könnte. Im Dreißigjährigen Krieg wurde der Ort auf Usedom mehrmals verwüstet und geplündert. Aufwärts ging es erst wieder Mitte des 19. Jh.s., als Zinnowitz 1851 die Erlaubnis erhielt, ein Seebad zu eröffnen.

SEHENSWERT
Direkt von der Seebrücke in Zinnowitz kann man mit der **Tauchgondel** (An der Seebrücke, www.tauchgondel.de; Juni–Aug. 10.00 bis 21.00, April, Mai, Sept. und Okt. 10.00–13.00, sonst 11.00–16.00 Uhr) 3,5 m in die Ostsee hinabtauchen; bei klarer Sicht sieht man bis zu 6 m um die Gondel Quallen und Fische. Ein halbstündiger 3D-Film zeigt die Unterwasserwelt und der Guide erzählt launig über die Tiere der Ostsee.

MUSEUM
Im **Heimatmuseum** (Bahnhof Zinnowitz; Mo. bis Fr. 10.00–17.00, Sa. und So. 14.00–17.00 Uhr) erfährt man alles über Zinnowitz und seine Rolle als Bäderort.

HOTEL UND RESTAURANT
50 m vom Strand entfernt wirkt das **€ € Hotel und Restaurant Dünenschloss** mit seiner leuchtend gelben Fassade und Türmchen tatsächlich wie ein Schlösschen. Günstige Angebote in der Nebensaison (Neue Strandstr. 27, 17454 Zinnowitz, Tel. 03 83 77 7 90, www.hotel-duenenschloss.de).
€ € Zum Smutje ist ein kleines Fischrestaurant, in dem regionaler Fisch verarbeitet wird (Vinetastraße 5a, Tel. 03 83 77 4 15 48).

VERANSTALTUNGEN
Sagenhaftes bringen die **Vineta-Festspiele** auf die Bühne (www.vineta-festspiele.de; Ende Juni–Ende Aug.). Maritim-kulinarisches Volksvergnügen: das **Seebrückenfest** (Sept.).

UMGEBUNG
Aus der einstigen Heeresversuchsanstalt an der Nordspitze Usedoms, die bis 1944 die ersten Raketen wie die berüchtigte „V2" entwickelte, entstand das **Historisch-Technisches Museum Peenemünde** (www.peenemuende.de; April–Sept. tgl. 10.00–18.00, sonst Di.–So. 10.00–16.00 Uhr).

INFORMATION
Kurverwaltung Ostseebad Zinnowitz
Neue Strandstr. 30
17454 Zinnowitz
Tel. 03 83 77 49 20, www.zinnowitz.de

6 Heringsdorf

Einst Badeort des letzten deutschen Kaisers und der Aristokratie, wirbt Heringsdorf heute mit seinem großen Freizeitangebot, seinem herrlich langen Strand und unzähligen Übernachtungsmöglichkeiten um Gäste jeglicher Couleur.

SEHENSWERT

Mit über 500 m ist die Heringsdorfer **Seebrücke** längste in Europa – allerdings wird nicht nur der Brückenteil über dem Wasser mit hinzugezählt, sondern auch die sich an Land anschließende Ladengalerie. Im **Wachsfigurenkabinett** auf der Seebrücke begegnen einem 60 Persönlichkeiten aus Geschichte, Politik, Sport und Showbusiness (tgl. 10.00–22.00 Uhr). Zu den eindrucksvollen **Badevillen** **TOPZIEL** gehören die Villa Oechsler (Delbrückstr. 5), von einem Bankier 1883 errichtet, die 1873 erbaute Villa Staudt (Delbrückstr. 6), in der Kaiser Wilhelm II. des Öfteren zu Besuch war, und die Villa Oppenheim (Delbrückstr. 10) – hier verbrachte der amerikanische Maler Lyonel Feininger zwischen 1909 und 1912 die Sommermonate.

In der **Villa Irmgard** war im Sommer 1922 der russische Schriftsteller Maxim Gorki zur Kur; das damalige Wohn- und Arbeitszimmer kann besichtigt werden (Maxim-Gorki-Str. 13; Mai bis Sept. Di.–So. 12.00–18.00, sonst Di.–So. 12.00 bis 16.00 Uhr).

HOTEL UND RESTAURANT

Im **€ € € Strandhotel Ostseeblick** (Kulmstr. 28, Tel. 03 83 78 540, www. strandhotel-ostsee blick.de) hoch über dem Meer und mit Freiterrasse ist der Name Programm. Der großzügige Wellnessbereich bietet Sauna und Schwimmbad, das Restaurant hervorragende Küche.

€ € € Wehrmanns Alt Heringsdorf (Kulmstr. 7a, Tel. 03 83 78 542 01) ist ein gemütliches Restaurant mit ausgezeichneter Küche und Service.

VERANSTALTUNGEN

Das **Kleinkunstfestival** (Juni) bietet Straßentheater und einen historischem Festumzug. **Kunsthandwerkermarkt** und **Heringsdorfer Kaisertage** mit dem Flair der 1920er-Jahre (Juli). Unzählige Veranstaltung mit meist klassischer Musik umfasst das **Usedomer Musikfestival** (Sept./Okt.)

UMGEBUNG

Die beiden Nachbarorte **Bansin** und **Ahlbeck** bilden zusammen mit Heringsdorf die „Drei Kaiserbäder" **TOPZIEL**. Auch in diesen beiden Orten findet man zahlreiche eindrucksvolle Villen im Stil der Bäderarchitektur.

INFORMATION

Kurverwaltung Heringsdorf
Kulmstr. 33
17424 Seebad Heringsdorf
Tel. 03 83 78 24 51
www.drei-kaiserbaeder.de

Genießen Erleben Erfahren

DuMont Aktiv

Leichter radeln

Usedom ist eine perfekte Radfahrerinsel. Sie ist weitgehend flach, bietet eine wunderschöne Natur, und das Radwegnetz ist gut ausgebaut. Fahrradwege von mehr als 180 Kilometern Gesamtlänge überziehen die Insel. Das Bundesministerium für Verkehr, Bau und Stadtentwicklung fördert auf Usedom „Innovative öffentliche Fahrradverleihsysteme", um „einen klimafreundlichen und energieeffizienten Nahverkehr zu unterstützen", heißt es auf der Homepage von UsedomRad. Den Satz hat sich sicher ein Beamter ausgedacht, das Ergebnis aber kann sich sehen lassen.

Das ausgeklügelte Konzept bindet etwa 50 lokale Radanbieter ein. An allen für den Tourismus relevanten Orten der Insel und auf dem angrenzenden Festland wurden Fahrradverleihstationen eingerichtet, teils mit, teils ohne Personal. Bei letzteren bekommt man per Handy den Zahlencode zum Öffnen des Fahrradschlosses durchgesagt. Sogar Pedelecs, also Fahrräder mit Elektromotor, kann man mieten. Für Touristen besonders interessant: Die knallgelben Fahrräder muss man nicht an den Ausgangsort zurückbringen, sondern kann sie an jeder beliebigen Verleihstation zurückgeben. Eine Kombination von Fahrradtour und Busausflug ist also problemlos möglich.

Eine Mobilitätsgarantie verspricht der Vermieter auch. Das heißt, wer den Schaden hat, braucht für die Reparatur nicht zu sorgen. Ein kurzer Anruf und wenig später geht es mit einem intakten Ersatzfahrrad weiter.

Weitere Informationen

UsedomRad GmbH
Hauptstr. 8, 17459 Ückeritz
Tel. 03 83 75 24 71 01, 24-Std.-Hotline
030 55 57 69 11, www.usedomrad.de.

Verleihgebühren
9 €/Tag pro Fahrrad, 20 €/Tag pro Pedelec
Bei längerer Mietdauer reduzieren sich die Tagesmietpreise.

Usedom hat konsequent ein vorbildliches Radfahrkonzept umgesetzt. Die flache Insel eignet sich ideal fürs Radeln. Ganz bequem wird es im Sattel eines Elektrorads.

MOBEL GESCHENKE
Softeis
Softeis
Wośboat

Ein Land im Windschatten

Die Wirtschaftskrise ist spürbar im Osten Vorpommerns. Unmittelbar an der Küste füllt zwar der Tourismus die Börsen der Kommunen. Abseits der Strände aber verraten leer stehende Häuser, verwilderte Gärten und verlassene Hauptstraßen, dass die Region schwere Zeiten durchmacht. Und doch findet man auch Zeichen der Hoffnung: kleine Tourismusanbieter, Künstler und junge Familien, die Vorpommern zu ihrer neuen Heimat machen.

Ueckermündes gemütliche Hafenkante hat seit jeher Gäste angezogen.

Seit vielen Jahrhunderten prunkt dieser gotische Giebel am Greifswalder Marktplatz.

Greifswald gilt als lebendige Universitätsstadt. Ein passendes Outfit ist zwingend: Metal-Night im Studentenclub „Kiste“.

Schmuckstück am Wolgaster Marktplatz ist das Rathaus, das 1724 seinen barocken Giebel erhielt. Die schöne Stadt ist auf dem Weg nach Usedom unbedingt einen Zwischenstopp wert.

Seit 650 Jahren werden in Greifswald Schiffe gebaut – zuerst Hansekoggen, heute ebenso erfolgreich Segeljachten. Das Flüsschen Ryck hat daher schon manches Schiff gesehen.

Von Stralsund kommend, zeigt sich die Stadtsilhouette Greifswalds seit jeher am schönsten.

Im Greifswalder Restaurant „Alter Fritz" geht die Stimmung ihrem Höhepunkt entgegen. Die jungen Gäste reden sich die Köpfe heiß und kühlen die Diskussion mit Lübzer Pils. Greifswald ist Universitätsstadt, und so finden sich hier Studenten aus ganz Deutschland. Von den 56 000 Einwohnern sind ein knappes Viertel an der Universität eingeschrieben. Damit bietet Greifswald Besuchern ein für Vorpommern seltenes Bild: In den Straßen sieht man in der Mehrzahl junge Menschen.

Greifswald ist eine optimistische Stadt, und wo junge Leute leben, wird viel gefeiert, zu Hause und in Kneipen. Aber auch im Rahmen großer öffentlicher Veranstaltungen. Bei den Eldenaer Jazz-Abenden beispielsweise oder beim Nordischen Klang, einem Festival, das sich mit der Musik, dem Theater und der Kunst Nordeuropas beschäftigt. Dass dieses gerade in Greifswald stattfindet, hat auch mit der Universität zu tun. In ihr ist nämlich das wichtigste Nordische Institut Deutschlands angesiedelt. Als Hansestadt hatte man schon im Mittelalter gute Verbindungen in den Norden.

Bereits 1456 war Greifswald ein Zentrum der Lehre und die Universität der Stadt eine der wichtigsten im Ostseeraum. Anfang des 16. Jahrhunderts studierte der Reichsritter, Dichter und Humanist Ulrich von Hutten hier. Auch die beiden Nobelpreisträger Johannes Stark (Nobelpreis für Physik 1919) und Gerhard Domagk (Nobelpreis für Medizin 1939) machten in Greifswald ihren Abschluss. Sogar der frühere Reichskanzler Otto von Bismarck hat einen Teil seines Studiums in Greifswald absolviert. Der nicht ganz unumstrittene Schriftsteller, Politiker und Historiker Ernst Moritz Arndt studierte Ende des 18. Jahrhunderts an der Greifswalder Universität. Nach ihm ist seine ehemalige Alma Mater heute benannt.

Kampflose Übergabe

Touristen kommen vor allem wegen der gut erhaltenen Altstadt mit den drei Stadtkirchen St. Marien, St. Jacobi und St. Nikolai hierher. Dass sie in der Stadt heute einen weitgehend unversehrten Altstadtkern vorfinden, verdanken sie Rudolf Petershagen. Am Ende des Zweiten Weltkriegs übergab der Wehrmacht-Oberst die Stadt am 30. April 1945 kampflos an die Rote Armee – entgegen dem ausdrücklichen Befehl der Obersten Heeresleitung, die die Verteidigung der Stadt bis zum letzten Mann befohlen hatte. Wie in Stralsund hatte dann auch die DDR ihren – allerdings ungewollten – Anteil daran, dass die Altstadt in Greifswald heute so gut in Schuss ist.

Die Klosterruine Eldena ist von einem weitläufigen Park umgeben – was sich bei Veranstaltungen als sehr angenehm erweist.

Das Stettiner Haff bei Ueckermünde zeigt das typische Aussehen der vom offenen Meer getrennten, am Ufer verschilften Brackwasserbereiche.

Ɔas vorpommernsche Hinterland ist
schon immer ein Reiterrevier gewesen.

Hinter dem Peene-Anleger breitet sich das abendliche Anklam aus, überragt von der als Wohnhaus wiedererrichteten Garnison- und der stumpftürmigen Nikolaikirche.

Hier wie dort lagen die Pläne für den Abriss der alten Bürgerhäuser schon in der Schublade, es fehlte allein das Geld. Stattdessen setzte man Plattenbauten auf die grüne Wiese, die Altstadt blieb, wie sie war.

Zentrum der Segler

Der Vorort Wieck liegt unmittelbar an der Mündung des Flusses Ryck in die Ostsee. Er ist ein wichtiges Zentrum für Segler. Wer sich für Schiffe von Land aus interessiert, setzt sich in eines der vielen Cafés und Restaurants und sieht den Booten beim Auslaufen zu. Im Juli beim Fischerfest Gaffelrigg kommen über 50 000 Besucher in den kleinen Ort, um der Regatta der Traditionsschiffe zuzusehen. Nach der Hanse Sail ist die

Des einen Leid, des anderen Freud – das Hinterland Vorpommerns ist touristisch noch unterentwickelt und daher sehr ruhig.

Gaffelrigg größte maritime Veranstaltung in Mecklenburg-Vorpommern. Um die größte Sehenswürdigkeit von Wieck anzuschauen, sollte man sich aber einen anderen Tag aussuchen. Die Holländische Klappbrücke von 1887 kann man am Gaffelrigg-Wochenende sicher nicht ohne Menschenmassen fotografieren.

Mehr oder weniger Interesse

Wer von Greifswald nach Osten fährt, ist meist nach Usedom unterwegs, eines der gefragtesten Reiseziele Deutschlands. Gäste, die hier ihren Sommerurlaub verbringen wollen, müssen lange im Voraus buchen. Abseits der Küste ist vom Tourismus dagegen weniger zu spüren, und selbst Wolgast und Anklam, die beiden Städte, die sich als westliches bzw. östliches „Tor zur Insel“ verstehen, bekom-

Nach archäologischen Erkenntnissen werden im Museumsdorf Ukranenland bei Torgelow Block-, Bohlen- und Flechtwandhäuser des 9. und 10. Jahrhunderts sowie Hafenanlagen samt Schiffen rekonstruiert (oben und ganz oben). Prachtvolle Kostüme auch für die Kleinen gehören zum Burgfest Stargard (rechts).

Umzüge in historischen Kostümen, Gaukler und Musikanten und nicht zuletzt spektakuläre Ritterspiele: Das Burgfest Stargard wartet mit vielfältiger „Kurtzweyl“ auf.

Special

Brigitte Reimann

Lebenslust und Lebenslast

Ihren 40. Geburtstag hat Brigitte Reimann nicht mehr erlebt. 1973 starb die in der Nähe von Magdeburg geborene Schriftstellerin in Berlin. Ihre letzten sechs Lebensjahre hat sie vom Krebsleiden gezeichnet in Neubrandenburg gelebt. Reimann hat mehrere Erzählungen hinterlassen, wurde aber vor allem wegen ihres unvollendeten Romans „Franziska Linkerhand“ bekannt. Sie selbst nannte ihn ihr „erstes und einziges anständiges Buch“.

Im Brigitte-Reimann-Literaturhaus

Beeindruckender als ihre Prosawerke sind ihre Tagebücher, in denen sie mit erstaunlicher Ehrlichkeit ihr eigenes Leben analysiert. Als Folge einer Kinderlähmung litt sie unter einem Hüftleiden und hatte ein verkürztes Bein. Dennoch war Reimann eine attraktive Frau, die von einer Beziehung in die nächste wechselte. Sie war drei Mal verheiratet und hatte eine Vielzahl von Affären. Lebensfroh und gleichzeitig vom Leben zerrissen, auf der ständigen Suche nach dem Glück. Sie war eine überzeugte Sozialistin, blieb aber kritisch bis unbequem gegenüber der Staatsdoktrin.

Aus ihrem Wohnhaus in Neubrandenburg sollte Mitte der 1990er-Jahre ein Literaturhaus entstehen. Bei den Sanierungsarbeiten stürzte das Gebäude aber ein. Im 1999 erbauten Brigitte-Reimann-Literaturhaus werden Bilder, Manuskripte und Möbel aus Reimanns Wohnung gezeigt.

men vom Usedom-Tourismus allenfalls Tagesgäste ab. Dabei könnte man hier wirklich jeden Euro gebrauchen.

Ein stilles Land

Je weiter man in Richtung Osten kommt, desto stiller wird das Land. Schon immer gingen die Uhren hier oben anders. Seit jeher hat Landwirtschaft den Landstrich dominiert. Die Jahrhunderte des Junkertums fanden 1945 ein jähes Ende. Aber auch zu DDR-Zeiten bestimmten die riesigen Felder der LPGs das Land. Fleißig gearbeitet hat man hier zwar auch, von Großstadthektik aber keine Spur. Und nach der Wende hat sich der Lauf der Uhren dann gezwungenermaßen nochmals verlangsamt. Hier zeigen sich die Probleme, die im Prinzip ganz Mecklenburg-Vorpommern hat, in besonderer Deutlichkeit: Arbeitslosigkeit, Abwanderung der Jungen und Fähigen sowie Wahlerfolge von Parteien der äußersten Rechten.

Wenn sich dann für die von Stralsund mit in die Insolvenz gerissene Peene-Werft in Wolgast beispielsweise die Übernahme durch einen Bremer Schiffbauer abzeichnet, muss man sich freuen – wie auch an anderen kleinen positiven Entwicklungen, oft ein Engagement Einzelner. In Anklam beispielsweise kommt langsam der Flusstourismus entlang

Mecklenburg wird über die Jahre zu einem Weinland:
Weinfest auf Burg Stargard.

Stargard hat seinen Ursprung als markgräflich-brandenburgische Burg im 13. Jahrhundert. Sie besteht aus Hauptburg, Marstall, Torhaus, im 19. Jahrhundert umgebautem Bergfried und einigen weiteren jüngeren Gebäuden.

Neubrandenburgs Friedländer Tor ist ein markantes Backstein-Emsemble.

Der gotische Backsteinbau der Marienkirche ist heute Domizil der Neubrandenburger Philharmoniker.

Dank seiner gut erhaltenen mittelalterlichen Wehranlagen ist Neubrandenburg ein Glanzlicht auf der Europäischen Route der Backsteingotik.

der Peene in Schwung. An der „Kanustation Anklam", von einem Ehepaar aus Thüringen gegründet, kann man Boote ausleihen und geführte Touren buchen. Der Zuspruch ist immerhin so groß, dass man sich dort inzwischen zwei Solarboote zulegte.

Am Stettiner Haff

Zu einem „Leuchtturm der Wirtschaftskraft" will sich auch Ueckermünde an der Haffküste entwickeln. Die historische Altstadt, die Ausflugsmöglichkeiten nach Usedom und der lange und flache Sandstrand sind die Hauptattraktionen. Auch Investoren haben den Ort entdeckt und in Strandnähe die „Lagunenstadt" erbaut – eine eigene kleine Stadt nur mit Ferienwohnungen. Die Besucherzahlen können natürlich nicht annähernd mit denen von Usedom mithalten. Und spätestens, wenn in den benachbarten Bundesländern Berlin und Brandenburg die Sommerferien zu Ende gehen, kehrt auch in Ueckermünde wieder Ruhe ein.

Von Usedom einmal abgesehen, eignet sich auch Ueckermündes weiteres Umland hervorragend für Ausflüge. Dass sich die Natur hier sozusagen „tiptop" präsentiert, liegt auch an der Nationalen Volksarmee. Das Land zwischen der Ueckermünder Heide und dem Stettiner Haff war lange fest in der Hand des Militärs und viele Gebiete deswegen nicht zugänglich. Und das tut Tieren und Pflanzen immer gut.

Kunst in der Krise

Lohnend ist die Tour nach Altwarp, mit seiner Binnendüne, von der man einen herrlichen Blick hinüber ins polnische Neuwarp, nach Nowe Warpno, hat. Ausflüge dorthin kann man leider nur noch mit privaten Fischerbooten machen, die regelmäßige Fährverbindung wurde nach zuerst hoffnungsvollem Beginn wieder eingestellt. Und so wartet der damals mit ziemlichem Aufwand neu gebaute Fährhafen auf eine neue Bestimmung.

Fast am Weg dorthin liegt das kleine Luckow, in dessen Fachwerkkirche sommers Künstler ausstellen. Auf Kreative aus ganz Deutschland scheint Mecklenburg-Vorpommern und besonders auch die Uckermark einen speziellen Reiz auszuüben. Das besondere Licht, die Natur und die Einsamkeit scheinen sie zu inspirieren. Die wirtschaftlichen Probleme können auch sie nicht lösen, dazu beitragen, dass auch in Zeiten der Krise im äußersten Nordosten Deutschlands ein Stück Lebensqualität erhalten bleibt, können sie aber sehr wohl.

WEIN AUS MECKLENBURG

Gute Reben aus Rattey

Weinbau erwartet man nicht unbedingt in Mecklenburg. Dabei hat er dort eine lange Tradition. Schon im 13. Jahrhundert gab es Weine aus Mecklenburg. Erst 1855 wurde der Weinanbau aufgegeben. Jetzt kehrt er wieder in den Norden zurück.

Der Klimawandel gibt Mecklenburg-Vorpommern gute Karten. Die Sommer werden immer wärmer und dauern länger. Deswegen versucht man sich dort wieder im Weinanbau. Mit acht Hektar ist die Region um Burg Rattey das größte Weinanbaugebiet im Land. Einen zehntel Hektar steuert das Gebiet um Burg Stargard bei.

Neben diesen beiden „offiziellen“ Weinlagen probieren sich auch einige Privatleute als Winzer. Sogar auf der Ferieninsel Usedom stehen ein paar Weinstöcke. Die wiederentdeckte Weinleidenschaft würdigte auch der Bundesrat, änderte die Weinverordnung und erkannte Mecklenburg offiziell als Weinbaugebiet an. Noch werden dort allerdings nur Hausweine hergestellt: Müller-Thurgau, Portugieser und Spätburgunder sind die bevorzugten Rebsorten. Klimawandel hin oder her, das Wetter ist immer noch der größte Risikofaktor der hiesigen Winzer. Späte Frühjahrs- und frühe Herbstfröste können den Ertrag und die Qualität der Ernte dramatisch senken.

Aber auch in guten Jahren sind weder Menge noch die Qualität des Weines ausreichend für die großräumige Vermarktung. Wer eine Flasche Mecklenburger Wein kaufen will, muss dies vor Ort direkt bei den Erzeugern tun.

Weinkönigin und Weinprinzessin

So klein die Anbaugebiete auch sind, auf „hoheitliche“ Unterstützung will man nicht verzichten und wie in anderen Weinregionen auch wird hier eine Weinkönigin gewählt.

Anne Schwab, 22 Jahre und Auszubildende in der Yachthafenresidenz Hohe Düne in Warnemünde, ist für den Wein in ganz Mecklenburg-Vorpommern zuständig. Damit es kein Titelgerangel mit den anderen Hoheiten gibt, nennt sie sich Weinprinzessin. Die junge Frau aus Herzberg in Brandenburg musste einen sechsmonatigen Auswahlwettbewerb bestehen, bevor sie im Rahmen einer großen Abschlussgala zu ihrem Titel kam. Schließlich ist in Mecklenburg das Fachwissen entscheidend.

Ende September wird beim Altweibersommermarkt auf Burg Stargard die Weinkönigin gekürt (oben). Sie übernimmt für das jeweilige Jahr die Repräsentation der Weinbauregion. Ein unerwarteter Anblick: Weinberge in Mecklenburg-Vorpommern (rechts).

Als Botschafterin für den Wein soll sie Mecklenburg-Vorpommern außerhalb der Landesgrenzen als eine Reiseregion mit gastronomischen Spitzenleistungen darstellen, als ein Reiseziel, in dem man gut essen und eben auch gut trinken kann. Der einheimische Wein – auf den Getränkekarten gegenwärtig ohnehin kaum zu finden – dient dabei nur als Aufhänger für's Gespräch. „Die Leute reagieren neugierig und überrascht, wenn sie von Wein aus Mecklenburg-Vorpommern hören“, sagt Schwab.

Dabei sei er durchaus trinkbar, betont die Weinprinzessin, wenn man natürlich auch noch nicht mit den großen und bekannten Anbaugebieten mithalten könne. Sie selbst trinke daher am liebsten Weine aus der Pfalz. Doch wer weiß? In ein paar Jahren – warme Sommer vorausgesetzt – wird vielleicht nicht nur sie einen guten Tropfen von der Burg Rattey einem Pfälzer Grauburgunder vorziehen.

Maßstab 1:500.000
0
10km
Stralsund
Greifswalder Bodden
Greifswalder Oie
Ruden
Pommersche Bucht
Zatoka Pomorska
Greifswald
Eldena
Insel Koos
Koos
Peenemünde
Wolgast
Usedom
Naturpark Usedom
Heringsdorf
Ahlbeck
Bansin
Świnoujście
(Swinemünde)
Międzyzdroje
Wolin
Wolinski Park Narodowy
Anklam
O.-Lilienthal-Gedenkstätte
Anklamer Torturm
Stettiner Haff
Zalew Szczeciński
Ueckermünde
Naturpark Am Stettiner Haff
Ueckermünder Heide
Nowe Warpno
Torgelow
Sperrgebiet
Pasewalk
Strasburg (Uckermark)
Police
SZCZECIN (STETTIN)
Neubrandenburg
Neubrandenburg-Nord
Neubrandenburg-Ost
Tollensesee
Burg Stargard
Friedland
Altentreptow
Helpter Berge
Galenbecker See
Brohmer Berge
Jatznick
Mühlenmuseum
Neustrelitz
Müritz-Nationalpark
Feldberger Seenlandschaft
Naturpark Feldberger Seenlandschaft
Feldberg
Fürstenwerder
Prenzlau
Uckermark
Uckerseen
Oberuckersee
Unteruckersee
Naturpark Uckermärkische Seen
Lychen
Templin
Gedenkstätte
Boitzenburger Land
Schwedt
Gartz (Oder)
Gryfino
Odra
Nationalpark Unteres Odertal
Kolbaskowo
Rosow
Penkun
Brüssow
Gramzow
Angermünde
Kreuz Uckermark
Pasewalk-Nord
Pasewalk-Süd
Prenzlau-Ost
Prenzlau-Süd
GÜST-Pomellen
Radziszewo
Lubieszyn
Dobra
Wołczkowo
Warnołęka
Trzebież
Gedenkstätte
Bugewitz
Ziethen
Krien
Jarmen
Gützkow
Dargun
Loitz
Demmin
E251
E22
E28
E65
1
2
3
4
5
6

Der weite Osten Vorpommerns

Im Osten Mecklenburg-Vorpommerns bevorzugt der Fremdenverkehr die Küste. Greifswald mit seiner Altstadt und Ueckermünde als Urlaubsort am Haff werden gern besucht. Im Landesinneren geht es bedeutend ruhiger zu. Das macht Entdeckungsreisen abseits der Küste interessant.

1 Greifswald

Die neben Stralsund wichtigste Stadt (56 000 Einw.) Vorpommerns erhielt 1250 Stadtrechte. 1456 wurde die Universität gegründet, nach Rostock zweitälteste im Ostseeraum. Nach dem Dreißigjährigen Krieg (1618–1648) blieb Greifswald bis 1815 unter schwedischer Herrschaft. Im Gegensatz zu den anderen Orten Vorpommerns wurde Greifswald im Zweiten Weltkrieg kaum zerstört. Bekanntester Sohn der Stadt ist der frühromantische Maler Caspar David Friedrich (1774–1840).

SEHENSWERT

Die **Altstadt** TOPZIEL gehört zum städtebaulich Schönsten Vorpommerns. Eindrucksvoll ist der denkmalgeschützte **Marktplatz.** An seiner Westseite steht das **Rathaus,** Mitte des 18. Jh. frühbarock errichtet. Wesentlich älter sind die drei monumentalen Stadtkirchen aus dem 13. bzw. 14. Jh. Von der Ausstattung **St. Mariens** ist nur wenig erhalten; beachtenswert sind die vielen Grabsteine, die in den Fußboden und die Seitenschiffe eingelassen sind. Der **Dom St. Nikolai** – an dem schlanken Westturm zu erkennen – gehört zu den beeindruckendsten Kirchen des Landes; im Innern sind spätgotische Fresken und das Gemälde „Sieben Greifswalder Professoren in der Anbetung Mariens" aus dem 15. Jh. sehenswert. **St. Jacobi** zeigt ein romanisches Taufbecken und gotische Wandmalereien im Gewölbe des östl. Mittelschiffs. In der **Universität** beeindruckt die spätbarocke Aula, die während des Universitätsbetriebs nicht besucht werden kann.

MUSEUM

Das **Pommersche Landesmuseum** präsentiert Landesgeschichte, daneben in einer Gemäldegalerie u. a. Werke der beiden bedeutenden Frühromantiker Caspar David Friedrich und Philipp Otto Runge (Rakower Straße 9, www.pommersches-landesmuseum.de; Mai bis Okt. Di.–So. 10.00–18.00, sonst Di.–So. 10.00 bis 17.00 Uhr).

RESTAURANT

Im **€ Fritz** (Am Markt 14, Tel. 03 83 4 57 83 30) wird hinter einem Giebel aus dem 15. Jh. landestypisches Essen und ausgezeichnetes Bier serviert.

VERANSTALTUNGEN

Musik, Theater, Ausstellungen u. a. aus Ostsee-Anrainerstaaten bilden den **Nordischen Klang** (http://nordischerklang.de; Mai). Maritimes Wochenende **Fischerfest Gaffelrigg** (Juli).

UMGEBUNG

Das ehem. Fischerdorf **Wieck** liegt an der Mündung des Flusses Ryck in die Ostsee. Die reetgedeckten Fischerhäuser dort sind stimmungsvoll und sehenswert wie die hölzerne Klappbrücke von 1886, die nach holländischem Vorbild erbaut wurde.

INFORMATION

Greifswald-Information
Rathaus am Markt
17489 Greifswald
Tel. 03 83 4 85 36 13 80
www.greifswald.de

Tipp

Kloster Eldena

An der Greifswalder Ausfallstraße nach Wolgast liegen die Reste eines 1199 gegründeten Zisterzienserklosters. Bekannt wurden die Ruinen von Eldena durch Caspar David Friedrich, der sie immer wieder als Motiv wählte. Ein ganz anderes Gesicht zeigen die Backsteinmauern im Hochsommer bei den Eldenaer Jazz Evenings, „einem der lässigsten Jazzfestivals Deutschlands". Die Parklandschaft rundum ermöglicht ein Kommen und Gehen und so manches Picknick.

INFORMATIONEN UND KARTEN
Greifswald-Information, Rathaus am Markt, Tel. 03 83 4 52 13 80
www.greifswald.de

Die Klappbrücke in Greifswald-Wieck

2 Wolgast

Erstmals 1123 erwähnt. Von 1296 bis 1625 war die Stadt (12 300 Einw.) Sitz der Herzöge von Pommern, Zweig Wolgast. Danach gehörte Wolgast bis 1815 zu Schweden. Wirtschaftlich waren das recht gute Zeiten, im Vergleich zum bettelarmen Vorpommern lebte man verhältnismäßig gut. Den Zweiten Weltkrieg überstand Wolgast weitgehend ohne Schäden. Der romantische Maler Phillip Otto Runge (1777 bis 1810) ist der berühmteste Sohn Wolgasts.

SEHENSWERT

Die 1587 errichtete Gruft der **Petrikirche** (13. Jh.) beherbergt Sarkophage mehrerer Mitglieder der Herzogsfamilie Pommern-Wolgast; interessant ist der Totentanz an den Wänden der Seitenschiffe (www.kirche-wolgast.de; Sommer tgl. 10.00–17.00 Uhr, Turmbesteigung möglich). Das **Rathaus** wurde im 18. Jh. barock neu gestaltet. Auf dem **Brunnen** davor (1936) werden Episoden aus der Stadtgeschichte dargestellt.

MUSEEN
Das **Stadtmuseum** – wegen seines Aussehens „Kaffeemühle" genannt – ist ältester Fachwerkbau (17. Jh.) der Stadt und bietet 1000 Jahre Wolgaster Stadtgeschichte (Rathausplatz 6, www.museum.wolgast.de; April bis Okt. Di.–Fr. 11.00–18.00, Sa. und So. 10.00 bis 16.00 Uhr). Runges Geburtshaus dient gut erhalten als **Runge-Museum** – allerdings ohne Originaleinrichtung und ohne Originalgemälde. Dennoch lohnt der Besuch: Wichtige Werke sind als Kopien zu sehen, und sein Leben wird mit Hilfe von Zeitzeugnissen nachgezeichnet (Kronwieckstraße 45, www.museum.wolgast.de; geöffnet wie Stadtmuseum).

HOTEL
Schlafen in historischem Ambiente. Im **€ Speicher** auf der Schlossinsel am Museumshafen kann man Zimmer mieten (Hafenstr. 4, Tel. 03 83 6 23 18 91, www.speicher-wolgast.de).

UMGEBUNG
Im **Skulpturenpark Katzow** leben und arbeiten mehrere Künstler aus ganz Europa. Der Park und seine Skulpturen können jederzeit besichtigt werden. Im Sommer finden Wechselausstellungen statt (Galeriecafé).

INFORMATION
Stadtinformation
Rathausplatz 10
17438 Wolgast
Tel. 03 83 66 00 18
www.wolgast.de

3 Anklam

Die einstige Hansestadt (12 800 Einw.) wurde im Zweiten Weltkrieg stark zerstört. Vom historischen Stadtkern blieb nur wenig. Bekannt ist Anklam als Geburtsort des Luftfahrtpioniers Otto Lilienthal (1848–1896).

SEHENSWERT
Überdauert haben das 32 m hohe **Steintor** (13. und 15. Jh.; Heimatmuseum) und die **Marienkirche** (Urspr. 13. Jh.) mit beeindruckenden Wandmalereien aus dem 14. Jh. und einem frühgotischen Taufbecken.

MUSEUM
Das **Otto-Lilienthal-Museum** zeigt in Originalgröße nachgebaute Flugapparate Lilienthals mit stoffbespannten Flügeln (Ellbogenstr. 1, www.lilienthal-museum.de; Juni–Sept. tgl. 10.00–17.00, Mai, Okt. Di.–Fr. 10.00–17.00, Sa. und So. 13.00–17.00, sonst Mi.–Fr. 11.00–15.30, So. 13.00–15.00 Uhr).

UMGEBUNG
Der Adelssitz **Burg Klempenow** (www.burg-klempenow.de; Urspr. 13. Jh.) 30 km westl. dient als Kunst-, Kultur- und Veranstaltungszentrum. Der **Naturpark Peenetal** TOPZIEL ist ein herrliches Revier für Wanderer, Radler und natürlich Paddler (www.naturpark-flusslandschaft-peenetal.de).

Das Otto-Lilienthal-Museum in Anklam zeigt Nachbauten der legendären Gleitflieger.

INFORMATION
Anklam-Information
Markt 3, 17389 Anklam
Tel. 03 97 1 83 51 54, www.anklam.de

4 Ueckermünde

Das alte Handwerker- und Hafenstädtchen (8800 Einw.) an der Mündung des Flusses Uecker ins Stettiner Haff war bis 1997 für seine Ziegelindustrie bekannt und ist der touristisch wichtigste Ort der Haffregion.

SEHENSWERT
Die **Altstadt** zeigt restaurierte Fachwerk- und Giebelbauten, vor allem am Marktplatz und am Ackerhof. In der barocken **Marienkirche** von 1766 sind die jüngst restaurierten Flachgedecke und der Kanzelaltar von 1775 sehenswert.

MUSEUM
Im von Pommern-Herzog Philipp I. erbauten Renaissanceschloss (ab 1540) ist das **Haffmuseum** mit Stadt- und Regionalgeschichte untergebracht (Juni–Aug. Di.–So. 10.00–17.00, März–Mai und Sept.,Okt. Mi.–Fr. 10.00–12.00 und 13.00–17.00, Sa. 13.00–17.00, Nov.–Feb. Do., Fr. 10.00–15.30 Uhr).

AKTIVITÄTEN
Etwas außerhalb badet man an einem 800 m langen **Sandstrand.** Vom Stadthafen aus sind **Schiffsfahrten** nach Usedom, Swinemünde und bis nach Stettin möglich (Oderhaff Reederei Peters, Altes Bollwerk 2, Tel. 03 97 71 2 24 26, www.reederei-peters.de).

UMGEBUNG
In Eggesin (südl.) ist das Besucherinformationszentrum des **Naturparks Am Stettiner Haff** zu finden (Am Bahnhof 4, www.naturpark-am-stettiner-haff.de; Mitte Mai–Mitte Sept. Mo. bis Fr. 9.00–18.00, Sa. und So. 10.00 bis 16.00, sonst Mo.–Fr. 10.00–15.00 Uhr).
Im **Ukranenland** in Torgelow (15 km südl.) versetzt das Freilichtmuseum die Besucher in die Welt einer slawischen Siedlung aus dem 9. und 10. Jh. Zum Museum gehört auch das Castrum Turglowe, das den Besucher mit auf eine Zeitreise in das Torgelow des 13. Jh. nimmt (Mai, Juni, Sept. tgl. 10.00–16.00, Juli, Aug. bis 17.00, Okt. Do., Fr. 10.00–16.00 Uhr, www.ukranenland.de).

INFORMATION
Touristik-Information Stettiner Haff
Altes Bollwerk 9, 17373 Ueckermünde
Tel. 03 97 71 2 84 84, www.urlaub-am-stettiner-haff.de; www.ueckermuende.de

5 Pasewalk

Zum Ende des Zweiten Weltkriegs wurde die im 12. Jh. gegründete Stadt (10 400 Einw.) stark zerstört und das Stadtzentrum dabei nahezu dem Erdboden gleichgemacht.

SEHENSWERT
Die **Nikolaikirche** wurde 1176 erwähnt, die dreischiffige **Marienkirche** stammt aus dem 13. Jh. und gilt als eine der schönsten des pommerschen Mittelalters. Von der mittelalterlichen **Stadtbefestigung** (14./15. Jh.) stehen noch Mühlen- und Prenzlauer Tor sowie die beiden Türme Pulverturm und Kiek in de Mark.

INFORMATION
Stadtinformation
Haußmannstr. 85, 17309 Pasewalk
Tel. 03 97 3 25 12 32, www.pasewalk.de

Anklam ist die Geburtsstadt des Luftfahrtpioniers Otto Lilienthal. Mit seinen Gleitflugapparaten erforschte er die Praxis des Fliegens.

6 Neubrandenburg

Die 1248 gegründete Vier-Tore-Stadt ist mit 63 400 Einw. drittgrößte des Landes. Abseits der großen Feriengebiete, Ostsee und Seenplatte und zudem im Zweiten Weltkrieg stark zerstört, lockt sie nur wenige Besucher an.

SEHENSWERT

Gut erhalten blieb die mittelalterliche **Stadtmauer** (13.–15. Jh.); bis zu 7 m hoch, umschließt sie auf mehr als 2 km Länge den historischen Stadtkern. Typisch sind die **Wiekhäuser,** bewohnbare, direkt in die Mauer hineingebaute Wehrtürme; heute leben und arbeiten in den kleinen Wohnungen Künstler und Kunsthandwerker. Die vier **Stadttore** sind erhalten: Im Treptower Tor mit 32 m hohem Turm ist das Regionalmuseum untergebracht, das mit Terrakottafliesen geschmückte Stargarder Tor gilt als schönstes. Die bis 1298 im Stil der Backsteingotik erbaute **Marienkirche** dient heute als Konzertsaal, die ehem. Klosterkirche **St. Johannis** (14. Jh.) war in der Wendezeit Ziel der großen Friedensdemonstrationen. Das **Schauspielhaus** von 1794 ist das älteste erhaltene Theatergebäude Mecklenburg-Vorpommerns. Einen hervorragenden Blick über die Stadt genießt man vom Turm des 1965 eröffneten **Hauses für Kultur und Bildung** (HKB-Haus) am Marktplatz.

MUSEUM

Das 1872 eröffnete **Regionalmuseum Neubrandenburg** im Treptower Tor ist u. a. der Ortsgeschichte gewidmet (www.museum-neubrandenburg.de; tgl. 10.00–17.00 Uhr).

UMGEBUNG

Burg Stargard (Urspr. 13. Jh.; südl.) gilt als ältestes weltliches Bauensemble Mecklenburg-Vorpommerns. In **Woldegk** (30 km südöstl.) sind fünf Windmühlen zu sehen: Die Buddesche Mühle, ein Erdholländer (1883), dient als Heimatmuseum (Di.–Fr. 10.00–12.00 und 13.00–16.30, Sa. und So. 14.00–17.00 Uhr), die Ehlertsche Mühle (1886) als Mühleninformationszentrum und in einer noch flügellosen dritten ist ein Café untergebracht (Stadt Woldegk, Tel. 03963 25 65 36, www.muehlen-mv.de). Einige der schönsten Seen Mecklenburg-Vorpommerns umfasst die **Feldberger Seenlandschaft** (www.feldberger-seenland schaft.de) – allen voran der einst von Gletschern geformte, tiefe und klare Schmale Luzin. In der Region wächst auch der älteste Buchenwald Deutschlands, die **Heiligen Hallen** (westl. Feldberg südl. Lüttenhagen). Heute führt ein Pfad um das 25 ha große Waldgebiet. Betreten darf man den Buchenwald nicht mehr – es ist zu gefährlich, denn von den über 300 Jahre alten, teilweise morschen und bis zu 50 m hohen Baumriesen brechen immer wieder Äste ab.

INFORMATION

Tourist-Information
Marktplatz 1, 17033 Neubrandenburg
Tel. 03 95 1 94 33
www.neubrandenburg-touristinfo.de

Genießen Erleben Erfahren

DuMont Aktiv

Bibersafari auf der Peene

Die Peene ist der Lieblingsfluss der Biber – kein Wunder, durchfließt sie doch mit erstaunlich wenig Gefälle das größte zusammenhängende Niedermoorgebiet Mitteleuropas.

Langsam gleitet das Kanu die Peene entlang. „Schon kurz hinter der Stadt erwartet Euch ein Naturparadies“, so Antje Enke von der Kanustation in Anklam. „Adler haben wir einige“, sagt der Guide, „und im Normalfall bekommen wir, so wie heute, auch einige zu sehen.“ Wir sind aber wegen der Biber auf der Peene unterwegs. „Bibersafari“ nennt sich der Ausflug. Bald schon bekommen wir den ersten Bau zu Gesicht. Fleißig wurden Zweige und Äste zu einer riesigen Burg aufgetürmt. Der Schlossherr selbst entzieht sich allerdings unseren Blicken. Noch zeichnet sich die Silhouette der Anklamer Marienkirche am Horizont ab, da deutet unser Guide aufs Wasser: „50 Meter vor uns“, flüstert er. Und wirklich: Dort schaut ein Kopf aus dem Wasser! Erst kurz vor dem Boot taucht der Biber ab, sein runder Rücken ist das letzte, was wir von ihm sehen.

Mehr als 100 Biberburgen stehen am Peeneufer, durchschnittlich lebt also an jedem Flusskilometer eine Biberfamilie. Dabei waren die bis zu 35 kg schweren Nager in Vorpommern schon ausgerottet. Erst 1976 wurden Biber aus Sachsen an der Peene neu angesiedelt.

Weitere Informationen

Kanustation Anklam
Werftstr. 6, 17389 Anklam
Tel. 03 97 12 4 28 39
www.kanustation-anklam.de

Die Peene ist ein ideales Revier für Kanuten, denn sie hat kaum Gefälle. Auf der gesamten Flusslänge von gut 100 km beträgt der Höhenunterschied nur 0,25 m.

Auf Hiddensee (oben) wie im ganzen Gebiet lohnt das Radeln. Im Peenetal steht geruhsames Paddeln auf dem Programm (unten).

Service

Keine Reise ohne Planung. Auf den folgenden Seiten haben wir für Sie Wissenswertes und wichtige Informationen für Ihren Urlaub in Mecklenburg-Vorpommern zusammengefasst.

Anreise

Mit dem Auto: Über die Autobahnen A 11, A 20 und A 19 ist Mecklenburg-Vorpommern von Brandenburg und Berlin aus gut erreichbar. Wer aus dem Westen anreist, kommt über den westlichen Teil der Ostseeautobahn A 20 in die Küstenstädte und Badeorte. Die Gegend um Ludwigslust erreicht man über die A 24, die Landeshauptstadt Schwerin auf der A 14.
Mit dem Zug: Zugverbindungen mit dem ICE bestehen in alle größeren Orte des Landes. Nach Binz und Bergen fährt ein IC, im Sommer nach Binz auch ein ICE. Wichtigster Umsteigebahnhof für Reisen nach Usedom ist Züssow zwischen Anklam und Greifswald. Von dort besteht Anschluss mit der Usedomer Bäderbahn (Tel. 03 83 78 2 71 32, www.ubb-online.com) via Wolgast an alle wichtigen Badeorte entlang der Pommerschen Bucht bis Swinemünde.
Von Mai bis Anf. Okt. fährt der „Usedom-Express" von Berlin zu allen Seebädern auf der Insel. Von April bis Okt. bringt der „InterCity Urlaubsexpress Mecklenburg" Fr. und Sa. Reisende aus Nordrhein-Westfalen ohne Umsteigen nach Usedom.
Mit dem Flugzeug: Im Sommer kann man nach Usedom auch fliegen. Germanwings (www.germanwings.com) verbindet Düsseldorf, Köln und Stuttgart mit dem Flughafen Heringsdorf. Air Baltic fliegt von Frankfurt/Main und Dortmund nach Usedom. Und von Zürich und Bern bestehen mit Intersky und Skywalk Verbindungen nach Heringsdorf.
Flughafen Heringsdorf
17419 Zirchow, Tel. 03 83 76 25 00
www.flughafen-heringsdorf.de

Der Flughafen Rostock/Laage (28 km von Rostock entfernt) wird vor allem von Ferienfliegern Richtung Südeuropa genutzt. Innerdeutsche Verbindungen bestehen einmal wöchentlich nach Düsseldorf, Frankfurt, Köln, München, Nürnberg, Paderborn und Stuttgart.
Airport Rostock-Laage, Tel. 0 18 05 00 77 37
www.rostock-airport.de

Auskunft

Tourismusverband Mecklenburg-Vorpommern
Platz der Freundschaft 1, 18059 Rostock
Tel. 03 81 403 05 50
www.auf-nach-mv.de

Regional:
Tourismusverband Mecklenburgische Schweiz
www.mecklenburgische-schweiz.com
Tourismusverband Mecklenburg-Schwerin
Tel. 03 85 59 18 98 75
www.mecklenburg-schwerin.de
Tourismusverband Mecklenburgische Seenplatte
Turnplatz 2, 17207 Röbel
Tel. 03 99 31 53 80
www.mecklenburgische-seenplatte.de
Verband Mecklenburgischer Ostseebäder
www.ostseeferien.de
Tourismusverband Vorpommern
Fischstr. 11, 17489 Greifswald
Tel. 03 83 4 89 11 89
www.vorpommern.de

Autofahren

Die Zufahrten auf die Inseln Rügen und Usedom bzw. die Halbinseln Fischland, Darß und Zingst sind extrem stauanfällig. Wer zu den Inseln unterwegs ist, sollte unbedingt die Brückenzugzeiten beachten. Da sich die Öffnungszeiten von Saison zu Saison ändern, sollte man sich vor der Abreise zum Urlaubsziel nochmals aktuell über die Brückenzugzeiten informieren.
Rügen: Von Stralsund führen zwei Brücken auf die Insel. Die neue Brücke ist so hoch, dass Schiffe problemlos unter ihr hindurch fahren können und der Autoverkehr weiter fließen kann. Für die alte Brücke (Ziegelgrabenbrücke) gelten die folgenden Brückenzugzeiten: 5.20 bis 5.40, 8.20–8.40, 12.20–12.40, 15.20–15.40, 17.20–17.40 und 21.30–21.50 Uhr.
Zingst: Die Meiningenbrücke bei Barth öffnet im Sommer tgl. um 7.45, 9.45, 17.45 und 20.45 Uhr.
Usedom: Die Brücke bei Wolgast (westliche Zufahrt) öffnet in der Hochsaison tgl. um 5.45, 7.45, 12.45, 16.45, 20.45 und 23.45 Uhr und die in Zecherin (östliche Zufahrt) um 5.45, 9.40, 11.45, 16.45 und 20.45 Uhr.

Die Schlossgarten-Festspiele in Neustrelitz (S. 58) haben sich als feste Größe etabliert.

Die Parkplatzsituation in den Seebädern ist in der Hochsaison extrem angespannt. Kostenfrei kann man fast nirgends mehr sein Fahrzeug abstellen, und selbst auf Bezahlparkplätzen wird oft der Platz knapp.

Essen und Trinken

Die regionale Küche Mecklenburg-Vorpommerns ist traditionell herzhaft, üppig und kalorienreich – ein Essen für Menschen, die wie Bauern und Fischer schwer arbeiten müssen. Besonders in den Landgaststätten wird diese Küche immer noch gepflegt. Ein Sprichwort sagt deswegen auch: „N' Meckelbörger Magen kann alles vertragen!" Im Lauf der letzten 20 Jahre hat sich die Kochkunst verfeinert, und gerade die jungen Köche bieten vermehrt auch leichte Kost an, zugeschnitten auf die Bedürfnisse des modernen Menschen.
Von Aal bis Zander, ob geräuchert, gebraten oder gebacken – auf den Speisekarten der meisten Restaurants nehmen Fischgerichte eine herausragende Stellung ein. Besonders beliebt ist der Ostseehering in allen seinen Zubereitungsarten. Der Bismarckhering beispielsweise ist eine Stralsunder „Erfindung".
Auch **Fleisch** wird gern gegessen, auch hier gilt in vielen Restaurants die Devise: Hauptsache üppig. Traditionelle Beilage zu Kassler, Schweinebacke und/oder Mettwürsten ist Grünkohl, zu Sauerfleisch werden Bratkartoffeln gereicht – doch wie fast überall haben Pommes frites auch in Mecklenburg-Vorpommern oftmals den Beilagenteller erobert. Birnen, Bohnen und Speck ist ein Herbstgericht. Und auch Wild findet sich im Landesinneren auf den Karten.
Typisch für den Norden ist der **Sanddorn** – ein dorniger Strauch mit orangenen Beeren, die zu Saft, Marmelade oder Likör verarbeitet werden. Vitaminreich, wird Sanddorn auch „Zitrone des Nordens" genannt. **Erdbeeren** sind eine neuere Errungenschaft. In den Jahren nach der Wende entstanden im ganzen Land Erdbeerplantagen – auch zum Selbstpflücken.
Was die **Getränke** angeht, ist Mecklenburg-Vorpommern Biertrinkerland. Die bekannteste Biermarke im Land ist Lübzer Pils, das von den Einheimischen auch mit viel Heimatstolz getrunken wird; allerdings gehört die Brauerei zum Hamburger Holsten-Konzern. Ebenfalls beliebt ist das Bier der Störtebeker Braumanufaktur in Stralsund. Zum Bier wird gern der eine oder andere Schnaps gekippt, doch geht der Konsum härterer Sachen in den letzten Jahren zurück. In Richtenberg südw. von Stralsund brennt die kleine Firma Ostsee-Spirituosen manche Spezialität, die sich auch als Mitbringsel anbietet.

Feiertage und Feste

Im Sommer ist immer etwas los in Mecklenburg-Vorpommern. An jedem Wochenende findet irgendwo ein Hafen- oder Seebrückenfest, eine Zeesenbootregatta oder ein Historischer Markt statt. Pferderennen am Strand, Schwimmwettkämpfe in der Ostsee, Fahrradrennen durch die Alleen und Volksläufe über Nebenstraßen kommen dazu. Die Festspiele Mecklenburg-Vorpommern sind Kulturinteressierten ein Begriff (Tel. 03 85 591 85 85, www.festspiele-mv.de). Von Juni bis Anf. Sept. finden auf der Freilichtbühne in Ralswiek auf Rügen die Störtebeker-Festspiele (Tel. 03 83 8 3 11 00, http://stoertebeker.de) statt, bei denen auf spektakuläre Weise das Leben des legendären Seeräubers nachgespielt wird. Größte Veranstaltung im Land ist die alljährlich im August stattfindende Hanse Sail (www.hansesail.com) in Rostock. Die Windjammerparade, an der berühmte Großsegler aus aller Welt teilnehmen, verfolgen mehr als 100 000 Menschen vom Ufer und von Bord ihrer eigenen Boote aus. Ein Verzeichnis mit allen Festen im Land erhält man beim Tourismusverband Mecklenburg-Vorpommern bzw. kann es auf dessen Homepage abrufen (www.auf-nach-mv.de).

Klima

Das Wetter ist in Mecklenburg-Vorpommern kapriziös wie in ganz Deutschland. Immerhin: Der an der Ostseeküste häufige Wind bläst die Wolken oftmals von der Küste weg. Selbst wenn es im Landesinneren bewölkt ist, kann man an der Küste Glück mit dem Wetter haben. Deswegen führen Rügen und Usedom auch die gesamtdeutsche Sonnenscheinstatistik an. Als

Info

Daten & Fakten

Landesnatur: Mecklenburg-Vorpommern (23 193 km²) liegt im Nordosten Deutschlands und grenzt im Osten an die Republik Polen, im Süden an Brandenburg, im Südwesten an Niedersachsen und im Westen an Schleswig-Holstein.
Immerhin 63 % der Landesfläche werden landwirtschaftlich genutzt. 8 % sind Siedlungsflächen. Gewässer bedecken etwa 6 % der Landesfläche.
Rügen ist mit 977 km² die größte Insel Deutschlands, die Müritz (110 km²) der größte See, der vollständig innerhalb Deutschlands liegt. Die Elde ist mit 208 km der längste Fluss innerhalb Mecklenburg-Vorpommerns und verbindet die Müritz-Region mit der Elbe. Die Helpter Berge bei Woldegk bilden mit 179 m die höchste Erhebung des Bundeslandes.
Bevölkerung: 1,59 Mio. Menschen leben in diesem Bundesland – seit 1990 hat sich die Anzahl um gut 300 000 verringert. Mit 69 Einw./km² ist Mecklenburg-Vorpommern das am dünnsten besiedelte Bundesland in Deutschland (Durchschnitt 229 Einw./km²). Die größten Städte sind Rostock (203 500 Einw.) und Schwerin (91 000 Einw.).
Etwa ein Fünftel der Einwohner bekennen sich zum christlichen Glauben, 287 000 Menschen gehören der evangelischen, 54 000 der katholischen Kirche an.
Wirtschaft: 2014 waren im Jahresdurchschnitt 731 000 Menschen erwerbstätig. Jeder Erwerbstätige arbeitete durchschnittlich 1400 Std. pro Jahr und damit 58 Std. mehr als im Bundesdurchschnitt. Rund drei Viertel aller Erwerbstätigen sind im Dienstleistungssektor beschäftigt, knapp ein Fünftel arbeitet im produzierenden Gewerbe (Industrie, Bauwirtschaft, Bergbau/Energie). In der Land-, Forst- und Fischereiwirtschaft sind lediglich noch 6 % der Erwerbstätigen tätig. Die Arbeitslosenquote ist mit über 11 % (teilw. bis zu 18 %) tendenziell doppelt so hoch wie im Bundesdurchschnitt. Der Indikator für die Wirtschaftskraft BIP betrug 2014 pro Person 22 817 € gegenüber einem Bundesdurchschnitt von 35 247 €.
Tourismus gehört zu den wichtigsten Wirtschafts- und Wachstumsbranchen Mecklenburg-Vorpommerns. Das Land hatte 2014 28,7 Mio. Übernachtungen und ist damit die beliebteste Sommerurlaubsregion in Deutschland.

Drachenbootrennen in Schwerin (ganz oben); Fahrderby auf Gestüt Ganschow (oben)

Beliebtes Souvenir: Bernstein

Info

Geschichte

3000 v. Chr.: Erste Jäger und Sammler
ab 600 v. Chr.: Germanische Stämme wandern ein.
5. Jh. n. Chr.: Die Germanen verlassen das Gebiet, slawische Stämme rücken nach.
995: Ersterwähnung Mecklenburgs in einer von Kaiser Otto III. ausgestellten Urkunde
12. Jh.: Christianisierung der Slawen.
1168–1227: Dänen herrschen über Mecklenburg und Pommern.
13. Jh.: Einwanderung deutscher Siedler
13.–17. Jh.: Hansegründung u. a. mit Greifswald, Wismar, Stralsund und Rostock.
1535: Der Protestantismus wird als Landeskonfession eingeführt.
1618–1648: Dreißigjähriger Krieg: Mit dem Westfälischen Frieden fallen Teile Mecklenburgs und Vorpommerns an Schweden.
1654: Die Leibeigenschaft der Bauern wird gesetzlich verankert (Aufhebung 1806 in Schwedisch-Pommern, 1807 in Preußen und 1820 in Mecklenburg).
1720: Nach dem Nordischen Krieg um die Vorherrschaft im Ostseeraum wird das Land geteilt: Das Gebiet nördlich der Peene bleibt schwedisch, südlich davon fällt das Gebiet an Brandenburg-Preußen.
1793: Gründung des ersten deutschen Seebades Heiligendamm.
1813–1815: Auf dem Wiener Kongress erhält Preußen ganz Pommern.
1871: Das Herzogtum Mecklenburg tritt dem neu gegründeten Deutschen Reich bei.
1918: Novemberrevolution: Die Vorherrschaft des Adels wird beendet.
1933–1945: Drittes Reich. Rüstungsbetriebe sind Hauptziel alliierter Bombenangriffe. Nach Kriegsende sind viele Städte zerstört.
1945: Industrie und Großgrundbesitz werden enteignet. Das östliche Pommern fällt an Polen, Usedom wird geteilt.
1949: Gründung der DDR
1952: Verwaltungsreform. Land Mecklenburg-Vorpommern wird in Bezirke Rostock, Schwerin und Neubrandenburg geteilt
1990: Neugründung des Landes Mecklenburg-Vorpommern. Nach der Wiedervereinigung wird Mecklenburg-Vorpommern ein Bundesland und Alfred Gomolka (CDU) zum ersten Ministerpräsidenten gewählt.
1990er-Jahre: Wirtschaftskrise nach der Wende: viele Betriebe müssen schließen, hohe Arbeitslosigkeit, Abwanderung in die westlichen Bundesländer. Ausländerfeindlichen Ausschreitungen.
1998: Erste rot-rote-Landesregierung Deutschlands – unter Einschluss der PDS.
2002: Aufnahme von Stralsund und Wismar in die Unesco-Liste des Weltkulturerbes
2007: G8-Gipfel in Heiligendamm
2009: Bundesgartenschau in Schwerin
2011: Erwin Sellering (SPD) als Ministerpräsident einer Großen Koalition wiedergewählt
2015: Wetterphänomen: Ein Tornado verwüstet das Zentrum der Kleinstadt Bützow. Windpark Baltic II vor Rügen eröffnet.

Faustregel lässt sich zudem sagen, dass die Sonnenscheindauer entlang der Ostseeküste von West nach Ost zunimmt.

Öffentlicher Nahverkehr

Mit dem Mecklenburg-Vorpommern-Ticket der Bahn bereist man einen Tag lang das ganze Land in Regionalzügen für 23 €. Bis zu vier Mitfahrer sind zu einem Aufpreis von je 4 €/ Person möglich.
Wer sich auf die öffentlichen Verkehrsmittel verlässt, muss vor allem abseits der Küsten die Reiseplanung mit einem genauen Fahrplanstudium verbinden, das Streckennetz ist teilweise sehr ausgedünnt. Manche Orte sind nur noch ein- oder zweimal tgl. mit Bus oder Bahn zu erreichen.

Reisezeit

Traditionell ist der Sommer die bevorzugte Reisezeit für einen Urlaub in Mecklenburg-Vorpommern. Deshalb ist von Juni bis Aug. in den Strandbädern kaum ein Hotelbett zu bekommen, die Strände sind voll und die Restaurants bis zum letzten Platz besetzt. Auch zum Jahreswechsel kommen viele Gäste. Zumindest an der Ostseeküste sind die Hotels dann gut gebucht.
Wer nicht unbedingt (sonnen)baden will, für den bieten auch Vor- und Nachsaison gute Möglichkeiten. Bei Spaziergängen hat man die Strände dann fast für sich allein. Allerdings: Manche Restaurants und viele kleinere Museen sind dann geschlossen, die größeren Sehenswürdigkeiten haben meist verkürzte Öffnungszeiten.
Viele Hotels haben inzwischen enorm aufgerüstet und bieten ihren Gästen ganzjährig Verwöhn- und Wellnessurlaube an.

Restaurants

Entlang der Küste ist die Auswahl groß, in den kleinen Städtchen und Dörfern im Landesinneren findet man dagegen nicht immer ein Restaurant nach seinem Geschmack.
Die Gourmetküche konnte sich erst in den letzten Jahren durchsetzen. Inzwischen gibt es in Mecklenburg-Vorpommern zehn Sterne-Restaurants. Damit führt das Land sogar die interne Rangliste aller ostdeutschen Bundesländer an. Mit je einem Stern zeichnete der Guide Michelin 2016 folgende Restaurants aus: die „Alte Schule" in Fürstenhagen (Feldberger Seenlandschaft, Zur Alten Schule 5, Tel. 03 98 31 2 20 23, www.hotelalteschule.de), das „niXe" in Binz (Strandpromenade 10, Tel. 03 83 93 66 62 00, www.nixe.de), 2015 frisch gekürt das Rugard's Gourmet in Binz (Strandpromenade 62, Tel. 38 39 3 56-0, www.rugard-strandhotel.de), das Freustil in Binz (Zeppelinstr. 8, Tel. 03 83 93 50444, www.freustil.de), das „Friedrich Franz" in Heiligendamm (Grand Hotel Heiligendamm, Prof.-Dr.-Vogel-Str. 6,

Tel. 03 82 03 74 00, www.grandhotel-heiligendamm.de), das „Ich weiß ein Haus am See" in Krakow am See (Paradiesweg 3, Tel. 03 84 57 2 32 73, www.hausamsee.de), das „Der Butt" in Warnemünde (Yachthafenresidenz Hohe Düne, Am Yachthafen 1, Tel. 03 81 50 40 0, www.hohe-duene.de), das Tom Wickboldt in Heringsdorf (Seestr. 5, Tel. 03 83 78 700, www.restaurant-wickboldt.de), die Ostseelounge (Ernst-Moritz-Arndt-Str. 6, Tel. 03 82 26 520, www.strandhotel-ostsee.de) und das „Gutshaus Stolpe" bei Anklam (Peenestr. 33, Tel. 03 97 21 55 00, www.gutshaus-stolpe.de).

Preiskategorien

€€€€	Hauptspeisen	über 20	€
€€€	Hauptspeisen	15 – 20	€
€€	Hauptspeisen	10 – 15	€
€	Hauptspeisen	5 – 10	€

Restaurant-Empfehlungen sind auf den Infoseiten der jeweiligen Kapitel aufgeführt. Die oben genannten Preiskategorien beziehen sich auf ein typisches Hauptgericht.

Schifffahrten

Linienschiffverbindungen bestehen von Rostock/Warnemünde und von Sassnitz nach Schweden, Dänemark und ins Baltikum. Hiddensee erreicht man von Stralsund und Schaprode. Ausflugsschiffe legen an allen großen Seebädern zu Rundfahrten ab. Rügen und Usedom sind durch Brücken mit dem Festland verbunden.

Souvenirs

Bernstein (s. S. 97) gilt als „das Gold der Ostsee". Als Schmuck beliebtes Mitbringsel, wird er nahezu von jedem Juwelier an der Küste angeboten. In Ribnitz-Damgarten hat Ostsee-Schmuck, Deutschlands größter Hersteller von Bernsteinschmuck, seine Produktion; man kann bei der Herstellung zusehen und auch einkaufen. **Sanddorn** gibt es in allen Verarbeitungsformen – als Marmelade, Saft oder Likör. In den letzten Jahren haben sich immer mehr **Künstler** in Mecklenburg-Vorpommern niedergelassen. Entsprechend eröffnen auch mehr Galerien, und dort finden Kunstfreunde durchaus das eine oder andere kleine Meisterwerk. Kunsthandwerk wird in den meisten Souvenirshops angeboten, allerdings ist hier die Grenze zum Kitsch fließend.

Sport

Fischen und Angeln: Angeln ist in Mecklenburg-Vorpommern das Lieblingshobby vieler Menschen. Ganz verleugnen kann das Land seine Fischertradition eben nicht. Die Auswahl an Fischrevieren ist riesig. Wer die Angel ins Wasser halten will, darf das nur „lizensiert" tun – Angelerlaubnis und Fischereischein sind Grundvoraussetzung für den Angelspaß (Deutscher Anglerverband, Landesverband Mecklenburg-Vorpommern, Siedlung 18a, 19065 Görslow, Tel. 03 86 05 60 30, www.lav-mv.com).
Fußball: Was den Zuschauerzuspruch betrifft, ist der FC Hansa Rostock (www.fc-hansa.de) führend. Gegenwärtig zwar nur in der Dritten Liga, kommen trotzdem im Schnitt 10 000 Zuschauer zu den Heimspielen.
Handball: Im Handball spielt der mehrfache DDR-Meister Empor Rostock (www.hcempor.de) in der Zweiten Bundesliga. Die Handballer des Stralsunder HV (www.stralsunder-hv.de), 2002 und 2007 sogar kurzfristig in der Ersten Liga, sind jetzt in der Dritten Liga aktiv.
Eishockey: Publikumsmagnet sind die Rostock Piranhas (www.piranhas.de). Die 2000 Zuschauer fassende Rostocker Eishalle ist bei vielen Heimspielen des Dritte-Liga-Vereins ausverkauft.
Radfahren: Allein schon auf Grund seiner Topografie – hohe Anstiege hat man nirgends zu bewältigen – ist Mecklenburg-Vorpommern ideal für Fahrradtouristen. Verleihstationen findet man in allen touristisch relevanten Orten. Auf Usedom wurde durch UsedomRad (s. auch S. 95) ein dichtmaschiges Netz von mehr als 100 Verleihstationen aufgebaut. Da viele Gäste des Landes zur älteren Generation gehören, setzt man verstärkt auch den Verleih von Elektrofahrrädern. Einige Veranstalter bieten entsprechende Pauschalurlaube an.
Diverse Rundrouten und Radfernwege erschließen die Region. Der populäre **Mecklenburgische-Seen-Radweg** schlängelt sich quer durchs Land, von Lüneburg über Neuhaus, Dömitz, Ludwigslust, Parchim, Plau am See, Röbel an der Müritz, Waren an der Müritz, Mirow, Neustrelitz, Neubrandenburg, Ueckermünde, Anklam und Ahlbeck bis nach Wolgast (640 km). Der deutsche Abschnitt des **Ostsee-Radfernweg** verläuft von Flensburg über Kiel, Fehmarn, Travemünde, Wismar, Warnemünde, Fischland, Darß, Zingst, Barth, Stralsund, Rügen, Greifswald und Wolgast nach Ahlbeck auf Usedom (1095 km). Der **Radfernweg Hamburg–Rügen** bringt auf nicht gerade direktem, dafür auf besonders schönem Weg zur größten deutschen Insel und zwar über Geesthacht, Lauenburg, Mölln, Ratzeburg, Gadebusch, Schwerin, Bad Kleinen, Güstrow, Teterow, Demmin, Stralsund und Putbus bis nach Sassnitz (520 km). Die 630 km des **Radfernwegs Berlin–Kopenhagen**: verbinden die dänische und die deutsche Kapitale und sind zugleich Teil des Europa-Radwegs vom Nordkap nach Malta. Die 255 Mecklenburger Kilometer beginnen in Rostock und verlaufen dann über Schwaan, Bützow, Güstrow, Krakow am See, Waren an der Müritz, Neustrelitz als Abstecher, Wesenberg bis nach Fürstenberg an der Havel.
Reiten: Die Gestüte Ganschow bei Güstrow (www.gestuet-ganschow.de) und Redefin bei Ludwigslust (www.landgestuet-redefin.de) ragen schon wegen ihrer Veranstaltungen aus dem breiten Reitsportangebot des Landes heraus. Eine weitere Pferdehochburg ist die Galopprennbahn in Bad Doberan.
Reitsportfreunde finden in ganz Mecklenburg-Vorpommern ein Hunderte Kilometer umfassendes Reitwegenetz vor. Mehr als 150 Reiterhöfe und unzählige Vereine bieten Ausbildung auch für das mitgebrachte eigene Pferd, Touren und Ferien (Tourismusverband Mecklenburg-Vorpommern).

Rügen ist ein attraktives Surfrevier. Spannend sind die unterschiedlichen Gewässerarten: hier das offene Meer, dort der stille Bodden.

Wassersport: Mecklenburg-Vorpommern ist das Land des Wassers. Mit der Ostseeküste und der Seenplatte, dem größten Seengebiet Mitteleuropas, verfügt das Land über zwei Wassersportgebiete der Extraklasse. Schwimmen, Segeln, Kanufahren, aber auch Wind- oder Kitesurfing sind die beliebtesten Sportarten im oder auf dem Wasser.

Unterkunft

Hotels: Zwischen Landesinnerem und Küste sind die Unterschiede im Angebot beachtlich. An der Ostsee findet man Hotels und Ferienhäuser für jeden Geschmack und Anspruch – vorausgesetzt, man bekommt überhaupt ein Zimmer. In der Hauptsaison freut man sich mancherorts über eine Belegung von annähernd 100 Prozent. In der Nebensaison sieht es dagegen völlig anders aus – dann locken selbst Spitzenhäuser mit Schnäppchenpreisen. Abseits der Küste – und da reichen schon einige Kilometer aus – sind die Preise deutlich niedriger, und in der Regel bekommt man auch in der Hauptsaison problemlos eine Unterkunft. Reisende, die in den weniger touristischen Teilen des Landes auf Entdeckertour gehen, tun gut daran, sich vorab über die Unterkunftsmöglichkeiten an ihrem geplanten Zielort zu informieren. Nicht überall findet man Hotels oder Pensionen. Viele Herrschaftshäuser im Land wurden renoviert und zu Hotels umgebaut. Meist in herrlicher Lage, bieten sie eine luxuriöse Fluchtmöglichkeit aus dem Alltag (siehe dazu auch die Favoriten S. 22/23).
Verein der Schlösser, Guts- und Herrenhäuser in Mecklenburg-Vorpommern
Rondell 7, 17207 Ludorf
Tel. 03 99 31 8 40 11, www.schlosshotel-mv.de

Preiskategorien

€€€€	Doppelzimmer	über 200 €
€€€	Doppelzimmer	150 – 200 €
€€	Doppelzimmer	100 – 150 €
€	Doppelzimmer	50 – 100 €

Hotel-Empfehlungen stehen auf den Infoseiten der Kapitel. Die im obigen Üersichtskasten genannten Preiskategorien beziehen sich auf eine Übernachtung für zwei Personen im Doppelzimmer.

Camping: Fast 190 Zelt- und Caravanplätze hat das Land zu bieten, 51 davon sind behindertengerecht ausgestattet, mehr als 70 verfügen über Kinderspielplätze und 39 sind mit dem Ecocamping-Zertifikat ausgezeichnet. Auf dem Gelände der Jugendherbergen in Barth, Born-Ibenhorst auf Fischland-Darß-Zingst, Beckerwitz sowie Prora auf Rügen kann man zelten (Verband für Camping- und Wohnmobiltourismus Mecklenburg-Vorpommern, Pläterstr. 2, 18055 Rostock, Tel. 03 81 403 48 55, www.vcwmv.de).

Jugendherbergen: Insgesamt gibt es 26 Jugendherbergen in Mecklenburg-Vorpommern (Barth, Hohenkirchen-Beckerwitz westl. Wismar, Binz, Born-Ibenhorst auf dem Darß, Burg Stargard, Dahmen am Malchiner See, Feldberg, Flessenow am Schweriner See, Greifswald, Güstrow, Heringsdorf, Malchow, Mirow, Murchin nördl. Anklam, Prora, Ribnitz-Damgarten, Schwerin, Sellin, Stralsund, Teterow, Ueckermünde, Waren, Warnemünde, Wismar, Zielow bei Röbel und Zingst). Trotz des Namens nehmen die Herbergen auch Einzelgäste jeden Alters auf; einige Häuser verfügen auch über Familienzimmer. Ein kostenpflichtiger Mitgliedsausweis ist Voraussetzung für die Benutzung der Häuser.
Deutsches Jugendherbergswerk
Landesverband Mecklenburg-Vorpommern
Charles-Darwin-Ring 4, 18059 Rostock
Tel. 03 81 77 66 07, www.djh-mv.de

Urlaub auf dem Bauernhof: Speziell bei Familien mit Kindern sind Bauernhofurlaube sehr beliebt und bewährt.
Tourismusverband Mecklenburg-Vorpommern oder www.bauernhofurlaub.de

Register

Fette Ziffern verweisen auf Abbildungen

Impressum

2. Auflage 2016

Verlag: DuMont Reiseverlag, Postfach 3151, 73751 Ostfildern, Tel. 0711 45 02-0, Fax 0711 45 02-135, www.dumontreise.de
Geschäftsführer: Dr. Thomas Brinkmann, Dr. Stephanie Mair-Huydts
Programmleitung: Birgit Borowski
Redaktion: Dina Stahn
Text: Rasso Knoller, Berlin
Exklusiv-Fotografie: Johann Scheibner, Berlin
Titelbild: Allee bei Putbus (laif/Andreas Hub)
Zusätzliches Bildmaterial: S. 4, 36 li. mauritius images/imageBROKER/Robiller, F.C.; 5, 115 mauritius images/Minden Pictures/Arndt, Ingo; 8/9 Look-foto/Grundner, Thomas; 14/15 mauritius images/Bäck, Christian; 22 o. iStock; 22 li. Schloss Ulrichshus; 22 re. Stuening, Petra; 23 li. Schloss Basthorst; 23 re. Runge, Mirko; 23 u. Schlosshotel Klink; 34 re. gettyimages/Wittek, Ronald; 35 o. mauritius images/Westend61/Big Man; 35 u., 36 o. Shutterstock; 36 re. DuMont Bildarchiv/Meinhardt, Olaf; 37 li. mauritius images/imageBROKER/Lautenbach, V.; 37 u. mauritius images/Alamy; 39 DuMont Bildarchiv/Meinhardt, Olaf; 41 Shutterstock; 57 DuMont Bildarchiv/Frischmuth, Peter; 58 Look-foto/Roetting, Thomas; 74 o. Shutterstock; 74 li. laif/Yorck Maecke/GAFF; 74 re. DuMont Bildarchiv/Meinhardt, Olaf; 75 o.li. laif/Westrich, Gerhard; 75 o.re. mauritius images/Higuchi, Hiroshi; 75 u.li. Shutterstock; 75 u.re. Look-foto/Olesinski, Christoph; 78 DuMont Bildarchiv/Frischmuth, Peter; 93, 97, 98 li., 98 re.o. DuMont Bildarchiv/Meinhardt, Olaf; 114 laif/Hahn, Paul;
Grafische Konzeption, Art Direktion, Layout: fpm factor product münchen
Cover Gestaltung: Neue Gestaltung, Berlin
Kartografie: © MAIRDUMONT GmbH & Co. KG, Ostfildern;
Kartografie Lawall (Karten für „Unsere Favoriten")
DuMont Bildarchiv: Marco-Polo-Straße 1, 73760 Ostfildern, Tel. 0711 45 02-266, Fax 0711 45 02-10 06, bildarchiv@mairdumont.com

Anzeigenvermarktung: MAIRDUMONT MEDIA, Tel. 0711 450 20, Fax 0711 45 02 10 12, media@mairdumont.com, http://media.mairdumont.com
Vertrieb Zeitschriftenhandel: PARTNER Medienservices GmbH, Postfach 810420, 70521 Stuttgart, Tel. 0711 72 52-212, Fax 0711 72 52-320
Vertrieb Abonnement: Leserservice DuMont Bildatlas, Zenit Pressevertrieb GmbH, Postfach 810640, 70523 Stuttgart, Tel. 0711 725 22 65, Fax 0711 725 23 33, dumontreise@zenit-presse.de
Vertrieb Buchhandel und Einzelhefte: MAIRDUMONT GmbH & Co. KG, Marco-Polo-Straße 1, 73760 Ostfildern, Tel. 0711 45 02-0, Fax 0711 45 02-340
Reproduktionen: PPP Pre Print Partner GmbH & Co. KG, Köln
Druck und buchbinderische Verarbeitung:
NEEF + STUMME premium printing GmbH & Co. KG, Wittingen, Printed in Germany

FSC
www.fsc.org
MIX
Papier aus verantwortungsvollen Quellen
FSC® C001857

Lieferbare Ausgaben

Die Kanaren sind vom Klima begünstigt – beste Voraussetzung für herrliche Strandtage.

Hamburgs Herz pocht an Elbe und Alster.

Hamburg

Deutschlands Tor zur Welt
Der Hafen ist das Aushängeschild der Hansestadt, aber Hamburg hat natürlich noch weit mehr zu bieten, wir präsentieren alle Highlights.

Urbane Visionen
Aus alten Hafenvierteln werden trendige Stadtteile. Erleben Sie das „neue" Hamburg.

Shopping hanseatisch
Hamburger Trend-Labels und Traditionshäuser, hier kaufen Sie zwar nicht günstig, aber gut!

Teneriffa
La Palma · La Gomera · El Hierro

Paradiesische Inseln
Sie wissen noch nicht wohin? Wir stellen Ihnen die Westkanaren ausführlich in Bild und Wort vor.

Exklusiv wohnen
Warum sich nicht mal etwas Besonderes gönnen, die besten Adressen auf Teneriffa und den kleinen Kanareninseln.

Wandern mit Aussicht
Unsere Favoriten – die neun erlebnisreichsten Wanderungen auf den Kanaren.

www.dumontreise.de

DEUTSCHLAND
119 Allgäu
092 Altmühltal
105 Bayerischer Wald
120 Berlin
162 Bodensee
121 Brandenburg
175 Chiemgau, Berchtesg. Land
013 Dresden, Sächs. Schweiz
152 Eifel, Aachen
157 Elbe und Weser, Bremen
125 Erzgebirge, Vogtland
168 Franken
020 Frankfurt, Rhein-Main
059 Fränkische Schweiz
112 Freiburg, Basel, Colmar
028 Hamburg
026 Hannover zw. Harz u. Heide
042 Harz
062 Hunsrück, Naheland, Rheinhessen
023 Leipzig, Halle, Magdeburg
131 Lüneburger Heide, Wendland
133 Mecklenburgische Seen
038 Mecklenburg-Vorpommern
033 Mosel
114 München
047 Münsterland
015 Nordseeküste Schleswig-Holstein
006 Oberbayern
161 Odenwald, Heidelberg
035 Osnabrücker Land, Emsland
002 Ostfriesland, Oldenb. Land
164 Ostseeküste Mecklenburg-Vorpommern
154 Ostseeküste Schleswig-Holstein
136 Pfalz
040 Rhein zw. Köln und Mainz
079 Rhön
116 Rügen, Usedom, Hiddensee
137 Ruhrgebiet
149 Saarland
080 Sachsen
081 Sachsen-Anhalt
117 Sauerland, Siegerland
159 Schwarzwald Norden
045 Schwarzwald Süden
018 Spreewald, Lausitz
008 Stuttgart, Schwäbische Alb
141 Sylt, Amrum, Föhr
142 Teutoburger Wald
170 Thüringen
037 Weserbergland
173 Wiesbaden, Rheingau

BENELUX
156 Amsterdam
011 Flandern, Brüssel
070 Niederlande

FRANKREICH
055 Bretagne
021 Côte d'Azur
032 Elsass
009 Frankreich Süden Languedoc-Roussillon
019 Korsika
071 Normandie
001 Paris
115 Provence

GROSSBRITANNIEN/IRLAND
063 Irland
130 London
138 Schottland
030 Südengland

ITALIEN/MALTA/KROATIEN
017 Gardasee, Trentino
110 Golf von Neapel, Kampanien
163 Istrien, Kvarner Bucht
128 Italien, Norden
005 Kroatische Adriaküste
167 Malta
155 Oberitalienische Seen
158 Piemont, Turin
014 Rom
165 Sardinien
003 Sizilien
140 Südtirol
039 Toskana
091 Venedig, Venetien

GRIECHENLAND/ZYPERN/TÜRKEI
034 Istanbul
016 Kreta
176 Türkische Südküste, Antalya
148 Zypern

MITTEL- UND OSTEUROPA
104 Baltikum
122 Bulgarien
094 Danzig, Ostsee, Masuren
169 Krakau, Breslau, Polen Süden
044 Prag
085 St. Petersburg
145 Tschechien
146 Ungarn

ÖSTERREICH/SCHWEIZ
129 Kärnten
004 Salzburger Land
139 Schweiz
144 Tirol
147 Wien

SPANIEN/PORTUGAL
043 Algarve
093 Andalusien
150 Barcelona
108 Costa Brava
025 Gran Canaria, Fuerteventura, Lanzarote
172 Kanarische Inseln
124 Madeira
174 Mallorca
007 Spanien Norden, Jakobsweg
118 Teneriffa, La Palma, La Gomera , El Hierro

SKANDINAVIEN/NORDEUROPA
166 Dänemark
153 Hurtigruten
029 Island
099 Norwegen Norden
072 Norwegen Süden
151 Schweden Süden, Stockholm

LÄNDERÜBERGREIFENDE BÄNDE
123 Donau – Von der Quelle bis zur Mündung
112 Freiburg, Basel, Colmar

AUSSEREUROPÄISCHE ZIELE
010 Ägypten
053 Australien Osten, Sydney
109 Australien Süden, Westen
107 China
024 Dubai, Abu Dhabi, VAE
160 Florida
036 Indien
027 Israel
111 Kalifornien
031 Kanada Osten
064 Kanada Westen
171 Kuba
022 Namibia
068 Neuseeland
041 New York
048 Südafrika
012 Thailand
046 Vietnam